关键高管薪酬差距对企业投资的治理效应研究

王洋洋　著

中国财经出版传媒集团
中国财政经济出版社

图书在版编目（CIP）数据

关键高管薪酬差距对企业投资的治理效应研究／王洋洋著．-- 北京：中国财政经济出版社，2022.1
ISBN 978－7－5223－1058－9

Ⅰ．①关…　Ⅱ．①王…　Ⅲ．①企业－管理人员－劳动报酬－影响－企业－投资－研究－中国　Ⅳ．①F279.23

中国版本图书馆 CIP 数据核字（2022）第 006751 号

责任编辑：李　静　　　　责任校对：张　凡
封面设计：王　颖　　　　责任印制：张　健

关键高管薪酬差距对企业投资的治理效应研究
GUANJIAN GAOGUAN XINCHOU CHAJU DUI QIYE TOUZI DE ZHILI XIAOYING YANJIU

中国财政经济出版社 出版
URL：http：//www.cfeph.cn
E－mail：cfeph@cfeph.cn

社址：北京市海淀区阜成路甲 28 号　邮政编码：100142
营销中心电话：010－88191522
天猫网店：中国财政经济出版社旗舰店
网址：https：//zgczjjcbs.tmall.com
北京财经印刷厂印刷　各地新华书店经销
成品尺寸：147mm×210mm　32 开　6.125 印张　148 000 字
2022 年 1 月第 1 版　2022 年 1 月北京第 1 次印刷
定价：28.00 元
ISBN 978－7－5223－1058－9
（图书出现印装问题，本社负责调换，电话：010－88190548）
本社质量投诉电话：010－88190744
打击盗版举报热线：010－88191661　QQ：2242791300

内容摘要

投资是上市公司最重要的财务决策之一。投资决策的重要性可以从宏观和微观两个层面来解释。在宏观层面，投资依然是我国经济高质量发展的重要推手，其重要性目前还难以被替代；在微观层面，投资可以推动企业未来现金流持续增加，促进企业成长，帮助企业实现价值的稳步提升。因此，我国上市公司一直尝试通过投资来实现自身的发展壮大。最近几年来，全球宏观经济形势不够乐观，甚至持续低迷，较多上市公司面临着严重的资金短缺问题，并且很难获得银行贷款，但上市公司没有停止扩张的脚步。为了实现产业链规模的扩张，较多上市公司走上了多元化经营之路，甚至还有很多公司已经或者计划把业务拓展到全球范围。产业链规模的扩张以及多元化战略的实施，势必会影响上市公司的投资行为，并且会明显地提高上市公司的投资总额。但是，这样大规模的投资都是有效的吗？是否都能为企业的发展与成长带来积极作用？现实情况不够理想，在上市公司的大规模投资中，很多都是低效甚至无效的投资，这给企业带来了显著的负面影响。究其原因，从公司层面看，管理层为了实现企业的快速扩张，往往倾向于投资规模较大的项目，但是却忽视了对项目风险、未来现金流、投资回报期等重要问题的准确评估。上市公司本身的管理水平和财务能力难以满足大规模投资项目的后期需求，这也就使得上市公司面临着较大的财务风险与经营风险。

在公司中，主要由高管决定如何进行资源配置，对于股东与高管之间存在的代理问题，一直是通过薪酬激励机制来解决。然而，在现实中，股东与高管之间的代理问题并未被薪酬契约有效解决，上市公司非效率投资仍较为普遍便是一种典型表现。那么，上市公司应该如何对其高管的薪酬激励机制进行设计，方能有效地发挥其公司治理效应呢？对上述问题的解决，突破点或许仍在高管团队之中，但并不是高管团队的全部，而是其中的“关键少数”。在企业中，CEO和高管团队中担任其他关键岗位的部分高管（以下称为关键下属高管）构成“关键少数”，高管团队中的这一小群体对公司的战略决策起着决定性的作用，并且每一位关键下属高管都充当着决策者与执行者的双重角色。不同于一般高管，关键下属高管是可能成为继任CEO的具有较高竞争力的潜在候选人，他们的行为决策与其他一般高管理应有所差异。薪酬差距是薪酬激励机制中的重要组成部分，但鲜有文献从CEO与关键下属高管的薪酬差距视角研究CEO和关键下属高管的行为决策。本书则探讨在我国经济高质量发展的背景下，基于CEO和关键下属高管组成的关键高管之薪酬差距视角，如何针对“关键少数”的薪酬结构设计提高企业的投资效率。

整体而言，本书的研究思路是：首先，对关键高管在薪酬差距激励下的行为进行分析，厘清关键高管薪酬差距对企业投资效率的具体影响、作用机制和经济后果并构建理论原型。其次，以构建的理论原型为基础，结合我国的资本市场环境及制度背景，梳理出相关的研究命题，根据研究命题建立假设，收集研究样本，建立检验模型。最后，以2006年至2017年我国A股非金融类上市公司为样本进行实证检验，根据实证检验结果得出相应的研究结论。本书根据理论分析和实证检验结果得到了以下四个方面的研究结论：

第一，关键高管薪酬差距影响能否提高企业投资效率。在其他条件既定的情况下，关键高管薪酬差距，即 CEO 与关键下属高管之间的薪酬差距，薪酬高时能够激励关键高管作出并执行更有效的投资决策。具体而言，一方面，关键高管薪酬差距促使关键高管更加努力地工作；另一方面，关键高管薪酬差距加强了关键高管之间的相互监督。因此，关键高管薪酬差距越大，上市公司的投资效率越高。进一步研究发现，关键高管薪酬差距对投资效率的提升作用，主要是通过抑制上市公司的过度投资来实现，对投资不足的影响不明显。这是因为企业高管通常具有过度投资的冲动，特别是 CEO，很可能通过“经理人帝国”的构建来夯实自身的地位。那么，关键下属高管自然会加强对过度投资的监督，进而提升投资效率。通过比较关键高管薪酬差距和整个高管团队内部的薪酬差距对投资效率的影响，进一步证实了关键高管对企业投资决策起到了“关键”的作用。在不同条件下，关键高管薪酬差距之作用的发挥存在差异。当关键下属高管薪酬低于行业内关键下属高管平均薪酬时，关键高管薪酬差距对投资效率具有显著的提升作用。但是，当关键下属高管薪酬高于行业内关键下属高管平均薪酬时，关键高管薪酬差距对投资效率的提升作用不明显。市场竞争是外部治理机制，关键高管薪酬差距是内部激励机制。当这两种治理机制同时存在时，两者对企业投资效率的影响存在替代效应。也即，当外部市场竞争程度较高时，关键高管薪酬差距对投资效率没有显著的影响。除此之外，我国上市公司关键高管之间的薪酬差距有待提高，关键高管薪酬差距对投资效率的影响支持锦标赛理论。通过各稳健性测试，得到的研究结论与主测试基本一致。

第二，基于 CEO 变更视角，考察关键高管薪酬差距影响企业投资效率的作用机制。在其他条件既定的情况下，公司业绩越差，CEO 发生变更的可能性越大，关键高管薪酬差距对 CEO 变更具有推动作用，但是作用不明显。然而，公司业绩与关键高管薪酬差距的交乘项与CEO变更显著负相关。即当公司业绩较差时，在薪酬差距的激励下，关键下属高管对CEO的监督作用能够得到更有效的发挥，更可能促使业绩低劣的CEO被更换。进一步研究发现，关键下属高管对CEO的监督作用，不仅受其监督意愿的影响，还受其监督能力的影响。当关键下属高管中存在董事会成员时，关键下属高管在董事会层面就具有一定的话语权。在与CEO之间薪酬差距的激励下，关键下属高管既有动力又有能力去监督CEO。当CEO任职期间的经营业绩较差时，CEO被更换的概率就更大。然而，CEO也会为自己任职期间较差的经营业绩进行辩护，外部环境的影响则是CEO可能寻求的一个理由。在经济政策不确定性较高时，关键高管薪酬差距对更换业绩低劣的CEO发挥的作用较弱就证实了这一点。此外，在公司中，董事会对CEO的纵向监督和关键下属高管对CEO的横向监督同时存在，这两种监督模式相辅相成。董事会对CEO有效的纵向监督可以促进关键下属高管对CEO监督作用的发挥。通过各稳健性测试，得到的研究结论与主测试基本一致。

第三，基于盈余管理视角，考察关键高管薪酬差距如何影响企业投资效率的作用机制。在其他条件既定的情况下，关键高管薪酬差距，也即CEO与关键下属高管之间的薪酬差距能够激励关键下属高管对CEO和其他关键下属高管进行监督，抑制CEO和其他关键下属高管的盈余操纵行为，进而降低企业的应计盈余管理水平和真实盈余管理水平，缓解企业信息不对称。进一步检验结果表明，关键高管薪酬差距和整个高管团队内部的薪酬差距对盈余管理具有不同程度的影响，关键高管对抑制企业的盈余管理起到了“关键”的作用。此外，高管团队内部的其他非关键高管对抑制企业的真实盈余管理也有重要作用。外部监督和关键高管横向监督在降低企业盈余管理水平上存在替代效应。具体地，当上市公司由国际四大会计师事务所审计时，关键高管在抑制应计盈余管理水平上的横向监督不再发挥显著的作用；在真实盈余管理方面，关键高管横向监督与外部监督均有显著的抑制作用。内部控制通过强化对管理层权力的制衡，抑制管理层利用激进的会计处理方法谋求私利的机会主义行为，而关键高管薪酬差距正是通过提高企业的内部控制质量来提高财务报告的盈余信息质量。因此，内部控制质量是关键高管薪酬差距影响盈余管理的主要路径。通过各稳健性测试，得到的研究结论与主测试基本一致。

第四，基于公司价值视角，考察关键高管薪酬差距影响企业投资效率产生的经济后果。在其他条件既定的情况下，关键高管的薪酬差距越大，激励效应和横向监督效应越强，CEO 与关键下属高管均将更加努力地工作，最终促使公司价值的提升。投资是提升企业绩效的重要桥梁，投资效率与公司价值密切相关，关键高管薪酬差距通过提高投资效率进而提升公司价值。也即关键高管薪酬差距影响投资效率产生的一个重要经济后果就是提高了公司价值。进一步研究发现，关键高管薪酬差距的激励效应和监督效应发挥如何，需要考虑关键下属高管的年龄问题。当关键下属高管整体较为年轻时，与 CEO 之间的薪酬差距产生的激励效应和监督效应就更强，更有利于提高公司价值。此外，在 CEO 层面，关键高管薪酬差距产生激励效应和监督效应能否提高公司价值，还要考虑 CEO 的权力。如果 CEO 权力较大，则很可能抑制关键高管薪酬差距的治理作用，也即当 CEO 权力较大时，关键高管薪酬差距难以增加公司价值。通过各稳健性测试，得到的研究结论与主测试基本一致。

综上所述，本书对关键高管在薪酬差距的激励下所表现的行为进行理论分析后，推导演绎关键高管薪酬差距对企业投资效率的影响，并运用我国非金融类上市公司的相关数据，实证检验关键高管薪酬差距对投资效率的具体影响、作用机制以及产生的经济后果，以期在关键高管层面丰富高管团队理论，并拓展薪酬激励领域的研究。具体而言，本书的研究意义体现在以下三个方面：其一，CEO和整个高管团队通常是公司治理实践中的主体，而高管团队中的“关键少数”却容易被忽视，但是在这一高管团队核心圈之间能更好地实现相互监督和权力制衡。因此，本书考察高管团队中的“关键少数”在公司治理中发挥的重要作用，丰富了高管团队方面的文献，为公司治理实践寻找新的突破点提供理论支撑和经验证据。其二，本书从企业投资效率层面研究关键高管薪酬差距的治理效应，有助于推动薪酬激励理论的不断深入。薪酬差距何时能够产生激励，何时不能产生激励，在哪些情况下薪酬差距的激励作用会相对更好？根据本书的研究，针对关键高管设定的薪酬差距比针对整个高管团队设定的薪酬差距更能产生有效的激励作用；在具备良好的外部和内部监督机制以及关键下属高管晋升动力较强的情况下，关键高管薪酬差距的激励作用更为有效；但是，由CEO权力和外部经济政策不确定性带来的晋升阻力，很可能损害关键高管薪酬差距的激励效果。本书通过对关键高管之间薪酬差距的研究，为上市公司如何通过薪酬激励机制来有效提高公司内部治理水平指明了未来的改进方向。其三，上市公司的股东与高管之间可能存在利益冲突，从而引发代理问题，同时这也是导致公司投资决策发生扭曲的重要因素。本书考察关键高管薪酬差距对企业投资效率的影响及作用机制和经济后果，为解决企业因代理冲突导致的非效率投资问题提供新思路，以期能够促进我国上市公司的高质量发展。

目录

第1章　导　论

1.1　研究背景与研究意义

1.1.1　研究背景

在企业中，股东是委托人，高级管理人员是代理人，前者把剩余控制权交给后者，而自身则保留了剩余索取权。因此，他们之间存在典型的委托代理关系。但是，股东与高管之间存在一定的代理冲突（Jensen and Meckling，1976），这是因为高管在有限理性的作用下可能会产生机会主义行为，并且高管与股东之间存在信息不对称，在与股东利益不一致的情况下，高管并不一定按照股东利益最大化的原则行事。在众多公司治理机制中，薪酬激励是能够解决股东与高管之间代理问题的一种重要机制。为了能使上市公司高管参与剩余价值的分配，上市公司股东通常会与高管签订薪酬契约，这就会促使高管努力实现企业剩余价值最大化，同时提高自身收益。在高管与股东的利益一致的情况下，股东与高管之间的代理冲突自然得到了缓解。广义上讲，高管薪酬激励包括货币薪酬激励、股权激励和债务类薪酬激励（张兴亮，2015）。已有文献主要是针对货币薪酬展开研究，货币薪酬是狭义上的高管薪酬。根据以往的研究经验，本书以下所称的高管薪酬，也是指狭义上的货币薪酬。

有效的薪酬激励机制能够通过降低交易成本，缓解代理冲突，进而提高企业价值。因此，公司治理领域的一个核心问题就是如何恰当地对高管进行薪酬激励。上市公司主要通过薪酬水平和薪酬结构设计高管薪酬激励机制，薪酬结构的重要组成部分就是薪酬差距。然而，对高管进行薪酬激励很可能会拉大高管与普通员工之间的薪酬差距。近年来，高管与普通员工的收入差距引起了国内外监管部门的高度重视。我国政府曾多次出台国企高管限薪政策，以推进国有企业内部收入分配制度及高管薪酬制度的改革。但是，研究结果表明对国企高管薪酬的管制并未起到应有的作用（沈艺峰和李培功，2010），反而会增加在职消费和高管腐败（陈冬华等，2005；陈信元等，2009），降低高管薪酬业绩敏感性（刘星和徐光伟，2012）。那么，高管薪酬激励机制该如何设计，方能有效地发挥其公司治理效应？这不只是国有企业面临的问题，民营企业也面临着同样的问题。

对上述问题的解决，突破点或许仍在高管团队之中，但并不是高管团队的全部，而是其中的“关键少数”。在一个组织中，“关键少数”担负关键责任，应有关键作用，因此要抓住“关键少数”。在企业中，CEO 和高管团队中担任其他关键岗位的部分高管（以下称为关键下属高管）构成“关键少数”，高管团队中的这一小群体对公司的战略决策起着决定性的作用，并且每一位关键下属高管都充当着决策者与执行者的双重角色。不同于一般高管，关键下属高管是可能成为继任 CEO 的具有较高竞争力的潜在候选人，他们的行为决策与其他一般高管理应有所差异。薪酬差距是薪酬激励机制中的重要组成部分，那么 CEO 与关键下属高管的薪酬差距对 CEO 和关键下属高管的行为决策会产生何种影响？鲜有文献对此进行研究。

企业财富的大部分是由投资而产生的，企业的经营业绩和经营风险与投资决策密切相关。因此，在企业经营活动中，投资决策是最重要的决策行为之一，并且投资决策是统领融资决策、股利分配决策及其他决策的首要决策。投资决策产生的投资行为对企业未来的盈利能力和可持续发展起着决定性作用（辛清泉等，2007；叶玲和王亚星，2013）。高管在上市公司的日常经营管理和投资决策中发挥着重要作用，但是高管与股东之间的利益博弈一直存在。企业的投资决策深受代理问题的重要影响（Stein，2003），企业非效率投资行为产生的根本原因就是代理问题（池国华和邹威，2014）。从宏观层面看，投资仍然是推动我国经济高质量发展的重要力量，然而企业的非效率投资必然会制约经济的高质量发展。因此，无论从宏观还是微观层面看，企业的非效率投资问题一直都是需要深入研究的重要课题。本书则在我国经济高质量发展的背景下，从CEO和关键下属高管的薪酬差距角度出发，探究如何针对“关键少数”的薪酬结构设计提高企业的投资效率，进而促进我国经济的高质量发展。

1.1.2　研究意义

已有关于公司治理的文献往往对CEO个体或高管团队整体进行研究，而本书拟将研究重点转移至高管团队中的核心圈，即由CEO和关键下属高管构成的关键高管，从关键高管的薪酬差距视角分析针对这些“关键少数”的薪酬激励机制对企业投资效率的影响，具有非常重要的理论价值。

首先，本书引入“关键下属高管”的概念，丰富了高管团队理论。Hambrick and Mason（1984）提出的“高阶梯队理论”认为高管团队作为一个整体能够对企业的战略和绩效产生重要影响。因此，已有众多研究分析了高管团队的特征对公司治理的影响，亦有较多研究从高管个体层面（比如董事长、CEO或CFO）考察个体异质性对公司治理的影响。然而，考虑到公司决策中的极大不确定性与复杂性，真正的战略决策往往由 CEO 和关键下属高管组成的关键高管作出，但是少有文献关注这一重要群体。本书聚焦于高管团队中的关键高管，在一定程度上丰富了现有文献。

其次，本书从企业投资层面研究关键高管薪酬差距的治理效应，有助于推动薪酬激励理论的不断深入。现有关于薪酬激励的研究多是从高管薪酬水平和薪酬差距两个层面展开，薪酬差距则包括不同公司高管的外部薪酬差距和公司内部薪酬差距，公司内部薪酬差距主要由高管团队与普通员工之间的薪酬差距和高管团队之间的薪酬差距构成。然而，已有研究却忽视了对高管团队中“关键少数”的薪酬激励。本书融合经济学、管理学和心理学的理论知识，从薪酬差距视角讨论薪酬激励对高管团队中“关键少数”行为的影响，丰富了薪酬激励领域的研究。

最后，本书从企业投资层面研究关键高管薪酬差距的治理效应，对公司治理理论的进一步完善具有促进作用。在公司中，管理者可以利用股东提供的资产创造财富，并且需要对股东负责，公司治理领域研究的主要内容就是如何通过明确不同利益相关者之间的权力和责任来提高公司的战略决策能力，进而为股东创造价值。研究 CEO 和关键下属高管构成的关键高管在面临薪酬差距时将作出怎样的行为反应，可以破解当前公司治理中存在的难题，同时填补公司治理理论中存在的空白。

研究关键高管薪酬差距对企业资本投资的治理效应不但具有较高的理论价值，还具有较强的现实意义。

第一，CEO 和整个高管团队通常是公司治理实践中的主体，而高管团队中的“关键少数”却容易被忽视。但是，这一高管团队核心圈往往在企业的战略决策中发挥着重要作用。因此，本书基于薪酬差距视角，考察高管团队中的“关键少数”在公司治理中发挥的关键作用，为公司治理实践寻找新的突破点提供理论支撑和经验证据。

第二，劳动人事经济学认为，建立一种有效的激励机制是企业设定薪酬差距的主要原因。那么，企业设定的薪酬差距什么时候能够发挥激励作用？什么时候不能发挥激励作用？在何种情况下薪酬差距的激励作用可以得到更好的发挥？这些都是亟需解决的重要问题。本书通过对关键高管薪酬差距的研究，为企业如何利用薪酬差距制定恰当的激励机制，进而提高公司治理水平，指明了未来的改进方向。

第三，公司股东与高管之间因代理问题产生的利益冲突是公司投资决策无效的重要原因，本书考察关键高管薪酬差距对企业投资效率的影响及作用机制和经济后果，为解决企业因代理冲突导致的非效率投资问题提供新思路。

1.2 研究目标与内容

1.2.1 研究目标

本书主要的研究目标有以下两个：

第一，对关键高管薪酬差距影响企业投资效率的作用机理进行理论分析，并识别出高管团队中的关键下属高管，然后实证检验关键高管薪酬差距对投资效率的影响如何，并从CEO变更和盈余管理两个视角检验关键高管薪酬差距影响投资效率的作用机制，最后从公司价值层面实证检验关键高管之间的薪酬差距对投资效率的影响将产生何种经济后果。通过上述系统地分析和实证检验，以期为高管团队方面的研究提供一个新方向，为薪酬差距方面的研究提供些许增量文献，为解决公司治理问题提供一种新的机制。

第二，总结上述理论分析及实证检验结果。结合目前我国的特定经济环境与制度背景，对我国上市公司治理机制的设计和完善提供相关的参考意见和建议，进而有助于股东和管理层更为准确地认识到关键下属高管在公司治理中发挥的特殊作用，以制定更为有效的激励机制来提高公司治理水平，同时为监管部门强化公司治理政策提供一种全新的思路，最终促进我国上市公司实现高质量发展。

1.2.2 研究内容

与以往研究不同，本书聚焦于高管团队中由 CEO 和关键下属高管组成的关键高管，考察关键高管之间薪酬差距对企业投资效率的影响及其作用机制和经济后果。具体内容如图 1－1 所示。

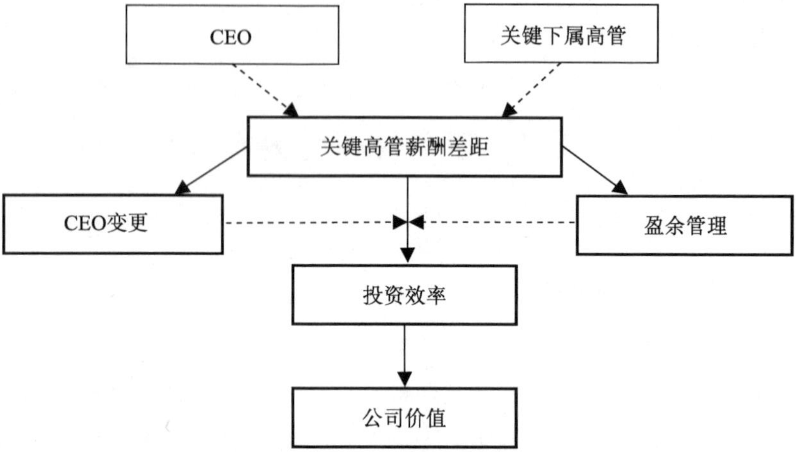

图 1－1 关键高管薪酬差距对投资效率的影响及其经济后果研究内容框架

首先，通过归纳和总结投资效率影响因素、高管团队及其权力以及薪酬激励的治理效应等方面的文献，理论分析和实证检验关键高管之间的薪酬差距对投资效率的影响。在不同的制度环境、治理结构以及企业和高管其他特征的情况下，关键高管之间的薪酬差距对投资效率的影响存在何种差异。通过比较高管团队内不同群体之间的薪酬差距对投资效率的影响，来进一步验证高管团队中的“关键少数”发挥的关键作用。

其次，在探究关键高管之间的薪酬差距对投资效率之影响的基础上，从委托代理和信息不对称两个层面分析关键高管之间的薪酬差距影响投资效率的作用机制。在委托代理层面，本书从CEO变更视角实证分析关键高管薪酬差距如何通过缓解股东与管理层之间的代理冲突提高投资效率，以及约束该作用机制能否有效发挥的条件；在信息不对称层面，本书从盈余管理视角实证检验关键高管之间的薪酬差距如何通过提高会计信息质量来降低信息不对称程度进而提高投资效率，以及在不同情境下，该作用机制有效性的差异。

再次，在分析关键高管薪酬差距影响投资效率的作用机制之后，考察关键高管薪酬差距对企业投资效率的影响最终将产生何种经济后果。企业设计管理者薪酬契约是为了将管理者行为与股东目标协调一致以增加股东财富，而企业价值的增加需要“中间桥梁”，资本投资则是提升企业价值的重要桥梁。那么，关键高管之间的薪酬差距是否通过提高投资效率进而增加了企业价值，该价值效应的实现需要哪些客观条件，这是本部分研究的重点。

最后，根据本书研究结论，结合我国上市公司治理现状，为上市公司制定有效的激励机制和监管部门强化公司治理政策以及促进我国上市公司实现高质量发展，提出与我国经济环境、制度背景以及公司治理实践相吻合的意见与建议。

1.3 研究思路与方法

1.3.1 研究思路

本书的理论研究部分将主要运用归纳、演绎和总结的理论分析方法，然后在此基础上采用实证研究的方法，对关键高管薪酬差距对投资效率的影响及其经济后果进行全面系统地检验，如图 1－2 所示。

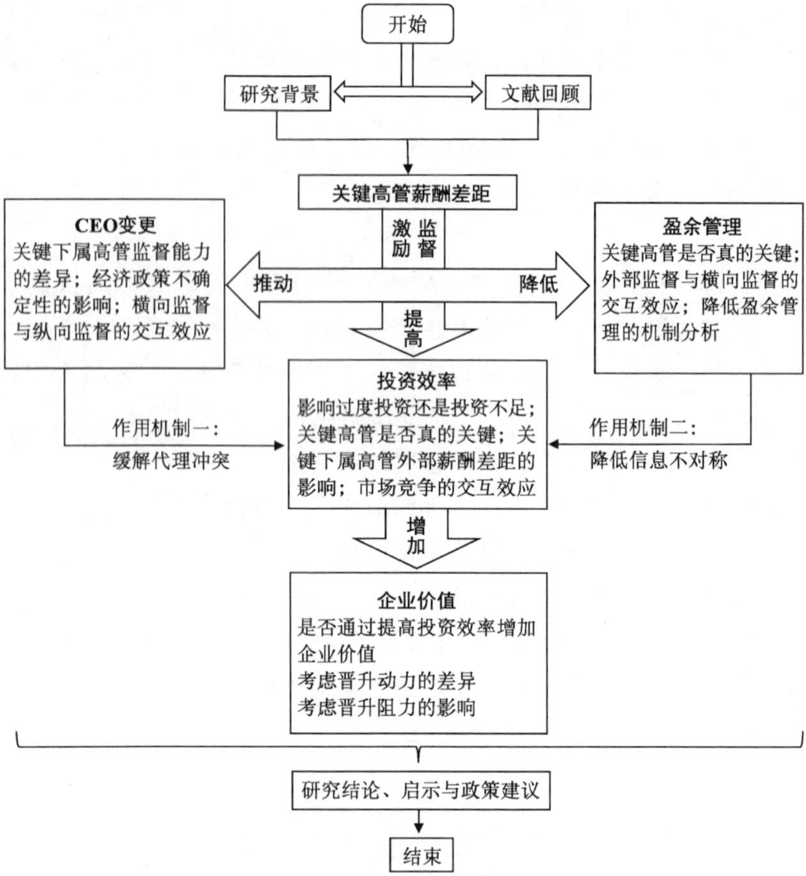

图 1－2　研究技术路线

首先，分析 CEO 与关键下属高管在薪酬差距激励下的行为，探究关键高管薪酬差距对企业投资效率的具体影响、作用机制和经济后果并构建理论原型。其次，将构建的理论原型嵌入我国的相关制度背景及公司治理环境，梳理出相关的研究命题，然后根据研究命题建立假设，收集研究样本，建立数学检验模型，进行实证分析，剖析实证结果，提出政策建议。

1.3.2 研究方法

本书在进行理论分析和实证检验时，主要采用了以下几种研究方法：

（1）文献研究法

文献研究法为本书研究过程中文献的搜集、鉴别和整理提供了方法指导，为本书假设的提出、理论框架建立、研究工具设计提供了方法依据，从而更全面地了解与本书研究相关的现有优秀成果和最新研究动态，发现尚需解决的问题或完善的政策等，为本书研究奠定了良好的基础。

（2）演绎推理法

本书利用假说演绎推理法分析关键高管的薪酬差距对企业资本投资行为的作用和具体表现，通过合理的逻辑推理提出研究假设，然后运用数据分析检验假设成立与否。

（3）实证检验法

实证检验法为规范分析的推断提供经验证据上的支持或否定。本书从具体影响、作用机制和经济后果三个部分对关键高管薪酬差距如何影响企业投资决策进行统计分析，以系统地研究关键高管薪酬差距对企业资本投资行为产生的实质影响。此外，本书还采用了稳健性检验方法，以确保研究结论的可靠性。

1.4 研究创新与不足

1.4.1 研究创新

与国内外同类文献研究相比，本书的创新或者特色之处主要在于：

（1）研究视角

本书引入“关键下属高管”这一新概念，构建“关键高管薪酬差距”这一新指标，有效解决了以往的高管薪酬差距指标因不同上市公司高管团队规模或高管身份界定范围不一致而在不同公司之间不具有可比性的问题。本书将关注对象从 CEO 个人或整个高管团队转至 CEO 与关键下属高管构成的“关键少数”，为高管团队构成及高管行为决策的相关研究提供了新视角。

（2）研究内容

本书从三个层面考察关键高管薪酬差距对企业投资行为的治理效应。具体地，首先从投资效率视角分析关键高管薪酬差距对企业投资行为的具体影响，接着基于非效率投资的两大重要原因——代理问题和信息不对称，从 CEO 变更和盈余管理视角分析关键高管薪酬差距影响企业投资行为的作用机制，最后从企业价值视角分析关键高管薪酬差距影响企业投资行为产生的经济后果。本书基于以上研究对象和内容，较为系统地分析和考察了关键高管薪酬差距对企业投资行为的治理效应，以期能够拓展薪酬差距领域的研究，开拓公司治理新实践，促进我国上市公司高质量发展。

（3）研究结论

本书研究发现，关键高管在企业经营决策中发挥着关键的作用，具体表现在关键高管薪酬差距能够提高企业投资效率，并且是通过提高CEO变更的可能性和降低盈余管理程度来实现。此外，通过提高投资效率，关键高管薪酬差距进而增加了企业价值，这正是企业制定薪酬激励机制的终极目标。本书的研究为薪酬激励如何影响企业投资提供一个更为新颖的、具象的、完整的逻辑思路与经验结论。

1.4.2 研究不足

囿于篇幅及个人能力，本书研究尚且存在一些不足或局限性。

其一，关键高管薪酬包括CEO的薪酬和关键下属高管的薪酬，但薪酬的概念范围比较广泛，企业支付给管理者的薪酬，可能既包括货币薪酬，又包括非货币薪酬。现实中，有部分上市公司的高管薪酬可能更多是以股权激励等非货币形式而存在。因此，仅考虑年报中披露的货币薪酬数据可能无法准确地反映关键高管获得的全部薪酬。遗憾的是，目前，我国的资本市场还不够成熟，很难精确计算上市公司授予高管的非货币薪酬的数额，所以本书主要采用年报中披露的货币薪酬来表示高管薪酬。高管货币薪酬比较容易从上市公司的年报中获得，但高管人员的实际薪酬却难以全面衡量。

其二，本书引入了一个重要概念——关键下属高管，但是无论是政府部门制定的相关法律法规，还是上市公司制定的公司章程以及对外披露的年报，都没有明确规定高管团队中的哪些成员属于关键下属高管。一名高管在高管团队中是否关键，可能取决于他（或她）的年龄、学历、专业知识和职位等多种因素。虽然本书用薪酬这个相对比较能够综合反映高管能力或权力的指标来识别一名高管是否关键，但是在关键下属高管的识别标准上仍然存在遗憾。另外，本书以全部研究样本为基础，根据不同下属高管人数之间的薪酬标准差来统一界定高管团队中关键下属高管的人数，虽然使不同公司间的关键高管薪酬差距可比，但是这一界定标准可能并非适用于所有上市公司。

第 2 章　文献综述

在宏观经济层面，投资是推动国民经济高质量发展的重要力量；在微观企业层面，投资是一项重要的战略性决策，对股东财富具有重要影响。因此，无论对于一国经济增长还是对一个企业的成败而言，资本投资均至关重要。由于代理问题和信息不对称的存在，企业投资决策与管理者的行为密切相关。Hambrick and Mason（1984）提出的“高阶梯队理论”认为，高管团队作为一个整体能够对企业的战略和绩效产生重要影响。特别地，在现代市场经济体制下，企业所有者将其经营决策权交给最有能力去管理公司的人——CEO，这正是多数研究单纯考察 CEO 以探讨管理者对组织产出影响的原因。然而，CEO 的权力过大往往会给企业经营带来负面影响，尽管董事会对 CEO “自上而下”的纵向监督能够起到一定效果，但也离不开管理层内部横向监督做补充。本书认为横向监督更可能发生在高管团队中的关键下属高管和 CEO 之间，因为关键下属高管是高管团队中最有能力和动力成为未来 CEO 的人。因此，本书将从高管团队中识别出关键下属高管，并基于薪酬差距的视角，考察包括 CEO 和关键下属高管在内的“关键少数”之间的横向监督作用。所以，结合研究主题，本书将从投资效率的影响因素、高管团队及其权力和薪酬激励的经济后果三个方面对国内外相关研究成果进行详细归纳。

2.1 企业投资效率影响因素的研究

由于市场及组织环境的不完美，企业投资决策往往也难以全部有效，而 20 世纪 70 年代兴起的信息经济学和代理理论为企业投资低效找到了根本原因，并且逐渐形成了以委托代理理论和信息不对称理论为基础的投资理论。具体而言，有学者从企业存在的代理冲突的角度研究非效率投资问题（Jensen and Meckling，1976；Bertrand and Mullainathan，2003），还有学者从信息不对称的角度对非效率投资展开研究（Fazzari 等，1998）。Stein（2011）则基于代理冲突和信息不对称两个视角解释了非效率投资问题。我国学者的相关研究结论同样认为，上市公司存在的信息不对称和委托代理问题导致其实际投资量高于或低于最优投资水平，造成投资效率低下（张功富和宋献中，2009；辛清泉等，2007；郝颖等，2014）。基于本书理论框架及实证研究的考量，下面将从委托代理冲突和信息不对称两个角度综述对投资效率的影响因素。

2.1.1 委托代理冲突影响投资效率的研究

Jensen and Meckling（1976）分析了企业的代理成本，认为企业的代理成本由股东与管理者之间的代理成本、大股东与中小股东之间的代理成本以及股东与债权人之间的代理成本构成。根据本书的研究主题，股东与管理者之间的代理问题是本书关注的重点，因此，本部分主要归纳总结股东与管理者之间的代理冲突影响投资效率的文献。在上市公司的日常经营管理和投资决策中，管理层发挥着重要作用，而管理者与股东之间的利益博弈一直存在。随着现代企业制度的建立，两权分离使得作为代理人的管理者与股东之间普遍存在代理问题（Jensen and Meckling，1976）。池国华和邹威

(2014) 认为，企业非效率投资行为产生的根本原因就是股东与管理者之间的代理问题。因此，企业的投资决策深受代理问题的影响（Stein，2003）。管理者存在进行帝国构建、发挥堑壕效应以及声誉提升等动机，这就导致管理者与股东之间产生代理冲突，进而导致非效率投资。

管理者的经济收益与企业规模正相关。因此，管理者存在扩大企业规模以进行“帝国建造”的动机（Hart，1995；Conyon and Murphy，2000）。Jensen（1986）认为股东与管理者之间的代理冲突导致管理者滥用自由现金流，进而导致投资过度。管理者为了实现私有利益，在进行投资决策时往往倾向于扩大企业规模而不考虑扩大规模能否给企业带来效益（Hart and Moore，1995）。因此，当企业的自由现金流足够多时，管理者很可能投资于净现值小于零的项目，造成企业投资效率低下。Amihud and Lev（1981）从投资多元化的角度证实了管理者为了分散商业帝国倒闭的风险而倾向于过度投资。辛清泉等（2007）的研究表明对高管的薪酬激励不足时，企业将很可能发生过度投资。

还有学者基于管理层堑壕效应对非效率投资进行解释。堑壕效应是指管理者为了实现私有利益，很可能会选择对自己有利但没有价值的投资项目，放弃真正有价值的投资项目，从而给企业造成损失。管理者为了巩固自身地位，延长任职时间，在进行投资决策时更可能选择能增强其专有能力的项目，但是这些项目不能给企业带来效益，且因专用型较强而增加了其他高管接管的难度（Shleifet and Vishny，1989）。Holmstrom and Costa（1986）也认为上市公司高管为了保证自身职业安全，倾向于维持现状，而不考虑一些有风险但净现值大于零的项目，这就会导致投资不足。此外，管理者还可能出于对舒适生活的追求而放弃一些有风险但净现值大于零的项目（Bertrand and Mullainathan，2003）。李培功和肖珉（2012）则发现我国国有企业 CEO 的任期越长，就越可能为追求自身利益最大化而过度投资，但是在民营企业中这一现象并不存在。

一些学者还从声誉提升的角度解释股东与管理者的代理冲突如何影响投资效率。已有研究认为，管理者为了提升自身的声誉，倾向于选择短期能给企业带来收益的投资项目，但是从长期来看这些项目可能导致企业价值受损（Narayanan，1985；Bebchunk，2002）。管理者为了保持自身的声誉还可能放弃具有前瞻性的投资项目，因为他们担心投资失败导致声誉受损，此时他们更可能选择模仿其他企业管理者的投资行为，这同样会造成非效率投资（Scharfstein and Stein，1990）。从管理者的年龄角度看，缺乏职场经验的年轻管理者更有可能操纵经理人市场对其能力的评价（Stein，2001），而将要退休的管理者可能就不太考虑职业生涯问题（Davidson，2005）。另外，Holmstrom and Ricart（1986）发现，为了避免释放与自身能力有关的不利信息，管理者往往不愿意进行新的投资。Baker（2000）则发现管理者也不愿意清算盈利不佳的投资项目。张建勇等（2014）认为较多的正面媒体报道，在提高管理者声誉的同时会导致其过度自信，进而导致企业过度投资。

基于股东与管理者之间的代理冲突对投资效率的影响，还有学者对如何缓解这一问题进行了较多研究。Broussard 等（2004）认为，对经理人采取薪酬激励可以降低投资现金流敏感性，从而抑制了非效率投资。在我国国有企业中，薪酬激励失效而不能抑制非效率投资（辛清泉等，2007），但是针对中央企业实施的 EVA 考核能够有效抑制过度投资（刘凤委和李琦，2013；池国华和邹威，2014；池国华等，2016）。彭韶兵等（2018）还发现针对董事会成员的责任保险覆盖率越高，企业的投资效率就越高。Adamati and Pfleiderer（2009）和 Edmans（2009）则认为股票流动性可以提高大股东的退出威胁力度，进而能够限制经理人的机会主义行为。熊家财和苏冬蔚（2014）认为可以通过提高股票流动性来缓解股东与管理者之间的代理冲突进而缓解非效率投资。赵宜一和吕长江

（2017）认为，在家族企业中，家族成员担任非执行董事的治理效果更好，家族非执行董事能够监督高管提高投资效率以实现更好的会计业绩，而家族执行董事不具备上述治理作用。杨兴全等（2017）则认为外资银行的进入可以通过缓解融资约束和抑制代理冲突的途径提高上市公司投资效率，但是这种效应只有在大规模公司中才更加显著。此外，在非正式制度方面，叶彦（2018）认为受儒家文化影响越深的企业越不可能过度投资，因为儒家文化能够起到道德约束的作用并提高企业的投资效率。

2.1.2 信息不对称影响投资效率的研究

Akerlof（1970）认为在市场经济条件下，交易双方拥有的信息并不完全一致，这就会导致具有信息优势的一方利用不对等的信息为自己谋取私利而损害了另一方的利益。信息不对称问题一直存在，它可能在交易双方缔约之前发生，也可能在交易双方缔约之后发生，缔约之前发生的信息不对称将会导致“逆向选择”，缔约之后发生的信息不对称将会引发“道德风险”。信息不对称的存在如何影响企业的投资决策，学者对此进行了较多研究。

一些学者从逆向选择的角度分析企业非效率投资存在的原因。Myers and Majluf（1984）认为，信息不对称导致企业融资成本较高，那么企业进行融资时就需要考虑融资顺序问题，比较优先的是进行内部融资，而后再考虑债务融资，最后选择权益融资。当投资者了解到企业的这种融资顺序后，如果企业选择以发行权益证券的形式进行融资，投资者则会认为企业经营存在问题，同时要求新股折价发行，这就会促使企业放弃以发行权益证券的方式进行融资，资金的短缺将导致企业错失良好的投资机会，最后产生投资不足。另外，市场是以均值对新投资项目的价值进行计量的，一些净现值为负的项目就可以从高估的股票价值中获得弥补，信息不对称的存在导致企业无法识别项目的好坏，这可能导致企业投资过度

(Narayanan，1988；Heinkel and Zechner，1990)。在债务融资市场，信息不对称也会导致企业的投资决策失效。一方面，由于信息不对称的存在，债权人无法对债务人进行全面的了解，为了保护自身利益，债权人会设定限制性条款来制约债务人的行为，这也会导致债务人的融资成本增加，进而导致投资不足（Jaffee and Russel，1976)。另一方面，信息不对称还可能导致债权人高估债务人发行的劣质债券，这就会降低债务人的融资成本，提高债务人的融资数额，引发过度投资。

还有一些学者从道德风险的角度分析企业非效率投资存在的原因。Fama（1980）认为，股东与高管之间本身就存在信息不对称，如果企业设定的薪酬契约不够完备，管理者的私利行为就很难被股东发现和监管，也就很难避免非效率投资的发生。Fazzari 等（1998）研究发现，因信息不对称产生的融资约束会影响企业投资与现金流之间的敏感性，信息不对称程度越高，企业投资效率越低。张功富和宋献中（2009）以我国沪深两市工业类上市公司为研究样本，发现我国上市公司的投资不足也是由信息不对称产生的融资约束所导致。屈文洲等（2011）以我国 A 股制造业企业为样本，运用事件研究的方法，同样得出了信息不对称导致投资效率低下的结论。汪玉兰和周守华（2018）认为，投资者对股票的预期受到非理性情绪影响，这就会导致股票错误定价，从而影响企业的融资成本，融资成本则会影响企业高管对投资项目的选择，最终企业的投资效率也会受到影响。曹春方和林雁（2017）认为异地任职独立董事较多的上市公司信息环境较差，导致其更可能过度投资。

基于信息不对称对投资效率的影响，学者对如何降低信息不对称以提高投资效率进行了深入研究。Biddle and Hilary（2006）认为，提高会计信息质量可以缓解管理者与投资者之间的信息不对称，因此提高会计信息质量能够提高企业投资效率，但是只有在投资者更依赖会计信息质量进行决策时，上述关系才更加显著。Biddle 等（2009）发现企业的投资不足和过度投资情况都能被高质量的会计信息缓解，并且在会计信息质量较高的情况下，企业的投资行为不易受到宏观经济波动的冲击。Durnev and Mangen（2009）运用投资期望模型分析后发现，财务报告质量较高的企业，信息不对称程度较低，投资效率较高。Healy and Palepu（2010）则认为，只有在信息环境较差的地区，企业的投资效率才更依赖于会计信息质量。以新兴资本市场的非上市公司为样本，Chen Feng 等（2011）同样发现高质量的会计信息可以缓解非效率投资。袁振超和饶品贵（2018）发现可比的会计信息为企业投资决策提供了参照系，能有效地缓解企业面临的信息不对称问题，也有利于企业与管理层之间签订更为合理的薪酬契约从而缓解代理问题，因此，会计信息可比性在企业资源配置中发挥着重要的作用。还有部分学者研究了会计盈余对非效率投资影响。Risberg（2014）发现会计盈余及时性与投资效率存在相关关系，但是这种相关关系是非线性的。Xie and Wei（2015）考察了会计应计对企业非效率投资的影响，发现操纵性应计能够显著提高企业的非效率投资。李瑛和杨蕾（2014）考察了会计稳健性对非效率投资的影响，发现会计稳健性能够抑制企业的过度投资，但同时会导致企业投资不足，并且在不同性质的企业中产生不同的效果。张悦玫等（2017）则发现会计稳健性对过度投资和投资不足均有显著的抑制作用。李青原和罗婉（2014）研究了财务报表重述对企业投资效率的影响，结果发现财务重述会提高企业面临的融资约束程度，导致企业投资不足。此外，文雯等（2019）认为以高铁为代表的交通基础设施的改善，能够解决企业投资过程中由于距离和空间位置产生的信息不对称问题，降低企业面临的融资约束程度，进而能够提高企业的投资效率。袁鲲和武梓杨（2018）发现融资融券交易制度通过抑制上市公司的盈余管理提高了其投资效率。刘程和王仁曾（2019）发现“沪港通”政策的实施通过提高标的股票的流动性，改善了上市公司的投资效率。非财务信息的披露亦能提高企业投资效率。钟马和徐光华（2015）发现被强制要求披露企业社会责任信息的公司，在披露后投资效率得到显著提升，尤其是在过度投资情境下。其原因在于，在过度投资情境下，强制公司披露企业社会责任信息可以有效缓解信息不对称。

综上可知，现有文献主要从委托代理冲突和信息不对称两个角度对企业的非效率投资问题进行分析和解决，并且积累了大量的研究成果。投资是企业的一项重要战略决策，投资的失效将给股东财富带来损害。为此，企业只能通过制定有效的治理机制来解决企业面临的委托代理和信息不对称问题，进而提高投资效率。其中，设计良好的薪酬契约是协调经理人和股东目标一致的重要机制。本书则试图从高管团队中的“关键少数”着手，探究针对他们的薪酬契约如何提高企业投资效率，已有研究为本书提供了坚实的理论基础。

2.2 高管团队及其权力的研究

在公司内部，高管团队成员一般包括首席执行官、总裁、首席财务官、副总裁等高级管理人员。Fama and Jensen（1983）认为高管团队是影响组织产出的核心群体，高管团队成员具有决策权和执行权。Finkelstein（1992）则认为，公司内部拥有最大权力并且可以影响公司战略方向的高管人员构成了高管团队。因此，高管团队权力问题是高管团队研究中的一个核心问题。本书基于高层梯队理论和高管团队权力理论，梳理对高管团队构成及其影响和高管团队权力及其影响两个方面的文献。

2.2.1 高管团队构成及其影响的研究

Pttigrew（1992）认为，高管团队成员应该在企业中拥有权威职位、高层职位或战略职位。那么，根据这一观点高管团队是由在董事会和执行层任职的人员构成，具体包括董事长、副董事长、CEO、总裁、CFO、首席运营官（COO）等。在实证研究中，学者通常依据年报或其他公开资料披露的高管头衔来确定高管团队的构成，也有学者根据调查或访谈情况识别高管团队成员（Hambrick，1994；Finkelstein and Hambrick，1996）。依据年报或其他公开资料披露的高管头衔来确定高管团队构成时，高管团队构成的边界取决于学者所要研究的问题。有的研究将所有执行董事和执行高管全部认定为高管团队成员（Wagner 等，1984；Bergh，2001；Ferrier，2001），有的研究则只把内部董事认定为高管团队成员（Norburn，1989），还有较多研究把副总裁以上的所有高管均认定为高管团队成员（Finkelstein and Hambrick，1990；Haleblian and Finkelstein，1993）。根据调查或访谈情况识别高管团队成员时，高管团队的构成由 CEO 确定，一般是由直接向 CEO 报告或者参与战略决策的其他高管组成（Carpenter 等，2001；Patel and Cooper，2014）。此外，还有研究认为真正的高管团队是由少数关键人员组成，而薪酬能够确定高管人员是否关键，因此包括 CEO 在内的薪酬排序最高的 5 位高管构成了高管团队（Bertrand and Schoar，2003；Carpenter 等，2003）。

在我国，高管团队的界定也未达成一致。李维安和李汉军（2006）认为高管团队成员包括公司的董事、监事和高级管理人员，王德应和刘渐和（2011）支持这一观点。而王晶晶和杜晶晶（2009）则认为，高管团队成员只包括副总裁、副总经理、总会计师或财务总监、总经济师、总工程师等高级管理人员，李卫宁等（2014）的研究中运用了这一界定方法。但是，大多数学者认为高管团队是由董事长和高级管理人员构成，其中高级管理人员包括总经理、副总经理、总会计师/财务总监、总经济师、总工程师、总经理助理以及各职能总监，而不包括独立董事和监事（孙海法等，

2006；鲁倩和贾良定，2009；陈昀等，2011；乔坤等，2013）。

为何要准确识别出高管团队的构成？那是因为企业的产出与高管团队的构成密切相关。高管团队的人员特征可能影响企业选择的并购模式、并购执行方案以及最终的并购绩效（Krishnan 等，1997；Barkema and Shvyrkov，2007；杨林和杨倩，2012；黄旭等，2013）。如果高管团队中有较多成员拥有国际化背景，则企业更可能实施国家化战略（Nielsen，2010；李自杰等，2010；李巍和席小涛，2013）。高管团队成员之间的差异化越大，企业的创新产出越高（王德应和刘渐和，2011；张平等，2014）。事实上，高管团队的异质性与企业绩效是正相关、负相关还是不相关，现有研究还存在较大的争议（Carpenter，2002；Ferrier，2001；王雪莉等，2013；李卫宁等，2014）。Lawrence（1997）认为，在分析高管团队的异质性如何影响企业的产出时，要考虑高管团队成员的认知多样性。Priem 等（1999）认为还应考虑团队过程的中间作用，高管团队价值的实现需要依靠高管团队的异质性，但是只有有效的团队组织才能最终实现高管团队的价值。在企业管理现实中，团队成员需要先达成一个共识而后共同作出决策，社会整合与行为整合帮助高管成员从团队个体转向团队共识，在整合过程中既需要团队凝聚力（陈璐等，2012），也需要团队冲突与辩论（Knight 等，1999；Simons 等，1999），还需要团队合作与共识（Michie 等，2002）。本书研究重点在于 CEO 与关键下属高管构成的高管团队中的小群体，现有关于高管团队构成及其影响的研究对本书具有很强的指导意义和参考价值。

2.2.2 高管团队权力及其影响的研究

在组织运营和管理中权力的作用不可忽视，它可能不易被观测，但它对组织的每一位成员都有深刻的影响。李胜楠和牛建波（2014）认为，如果不了解权力的概念，就不可能真正了解人在组织中的行为；如果不了解高管权力，就不可能真正了解企业的运行。通常所说的高管团队权力指的是高管团队作为一个整体相对于董事会的权力。在高管团队中 CEO 的权力最大，因此，高管团队相对于董事会的权力主要取决于 CEO 的权力，学者在研究中通常以 CEO 权力表示高管团队权力。高管团队权力理论是相关研究的理论基础（Bebchuk 等，2002；Bebchuk and Fried，2004），较多文献对高管团队权力如何影响公司治理、公司绩效、公司财务报告和公司财务行为等展开研究。

在现代企业中，所有权与经营权相分离，管理者的决策很可能偏离企业经营的宗旨。按照最优契约理论的观点，管理者薪酬与股东财富可以通过有效的契约安排联系起来，有效的契约安排可以激励管理者在遵循股东价值最大化的原则下作出相关决策（Jensen and Meckling，1976）。但是，按照高管团队权力理论的观点，薪酬契约安排不一定能够把管理者利益与股东利益协调一致。管理者与董事会之间的关系比较复杂，董事会的运行可能受到管理层权力的影响，最优薪酬契约可能解决不了企业存在的问题，它本身却会成为一种问题。高管团队或 CEO 的权力越大，高管的货币薪酬或异常薪酬就越高（卢锐等，2008；傅颀和汪祥耀，2013），而薪酬业绩敏感性越低（权小锋等，2010；刘星和徐光伟，2012），薪酬黏性越大（方军雄，2011），且这种现象主要存在于国有企业或垄断企业中（代彬等，2011；陈震和丁忠明，2011）。此外，高管团队或 CEO 的权力越大，越有动机推出股票期权激励计划（赵青华和黄登仕，2013），股权激励计划中所设定的初始行权价格也越低（王烨等，2012），公司高管期权重新定价的概率也较大（Pollock 等，2002）。

较大的高管团队或 CEO 权力会降低公司治理效率。Hermalin and Weisbach（1998）认为，如果 CEO 权力高于董事会权力，董事会的工作效率则相对较低。Fracassi and Tate（2012）认为，为了影响董事会的决策，权力较大的 CEO 更倾向于聘任与其有关联的董事。Baldenius 等（2013）也发现，权力较大的 CEO 往往会影响董事会的提名程序，这将降低公司治理效率，导致财务报告质量下降。黎文靖和卢锐（2007）发现，会计稳健性受高管团队权力的影响，高管团队权力越大，会计稳健性越低，但是这种现象在上市公司中表现得不明显。较大的高管团队或 CEO 权力还可能导致企业盈余管理程度的增加（林芳和冯丽丽，2012；贺琛等，2014；周冬华，2014），并可能降低公司盈余价值相关性（顾署生和刘杨晖，2014）。高管团队或 CEO 的权力过大，还会导致企业出现投资水平高但投资效率低的现象。徐静（2012）研究发现，高管团队权力越大，越倾向于加大资本支出。卢馨等（2014）发现，高管团队或 CEO 的权力越大，企业的投资水平越高。但是，高管团队权力越大，企业投资效率可能越低（徐良果等，2013；赵嘉仁等，2017）。高管团队权力过于集中就会降低内部控制质量（胡明霞和干胜道，2018），进而削弱了内部控制对过度投资的抑制作用（干胜道和胡明霞，2014）。Glaser 等（2013）研究发现，企业完成融资之后，权力较大的管理者倾向于过度投资，导致投资效率下降。此外，高管团队或 CEO 的权力越大，公司信用评价越低并且债券收益率价差越大（Liu and Jiraporn，2010）、现金持有水平越高（杨景岩等，2012）、现金持有价值越低（杨兴全等，2014）、公司运用现金支付股利的概率越低（冯慧群和马连福，2013）、高管通过并购提高私有收益的可能性越大（Bugeja 等，2012 ；张洽和袁天荣，2015）、并购绩效越差（Chikh and Filbien，2011；赵息和张西栓，2013b）。最后，如果高管团队或 CEO 权力较大，很可能给公司业绩带来负面影响。Adams 等（2005）认为，高管团队或 CEO 权力大小与股票回报可变性显著负相关。权小锋和吴世农（2010）认为，虽然 CEO 权力大可能会提高公司业绩，但同时会提高公司经营风险，这一现象在国有企业中更为明显。陈收等（2014）发现，CEO 权力越大，企业战略差异度就越大，也就越可能产生极端企业绩效。

对高管团队权力及其影响的文献进行总结后可以发现，现有关于高管团队权力的研究，其实主要是对 CEO 权力的考察，而且较大的 CEO 权力，往往会给企业带来负面的影响。但是，在高管团队内部，少有研究关注如何进行权力的分配以对 CEO 形成一种监督和制衡。本书拟识别出高管团队中除 CEO 以外的关键高管，分析他们对 CEO 权力的监督作用。

2.3 薪酬激励经济后果的研究

高管团队是企业最重要的人才资源，对企业发展起到至关重要的作用。公司治理的核心问题是如何激励企业高管团队努力工作以提高公司价值。在针对高管团队制定的诸多激励机制中，最重要的是薪酬激励。激励高管团队努力工作不仅要考虑给予高管薪酬的高低，还要重视高管团队内部、高管与员工以及与外部高管的薪酬差距。本书将主要从投资效率、盈余管理和企业价值三个方面归纳与总结与薪酬激励经济后果相关的文献。

2.3.1 薪酬激励影响投资效率的研究

公司财务领域主要研究的是代理问题对公司决策行为的影响。企业的资本投资作为一项重要的战略性决策，也会受到代理问题的影响。代理问题既可能导致投资不足（Ross，1973；Holmstrong and Weiss，1985），也可能引发过度投资（Jensen，1986 ；Jensen and Murphy，1990）。为此，股东必须制定有效的治理机制来解决因代理冲突导致的非效率投资问题。Jensen and Meckling（1976）认为，设计良好的薪酬契约可以有效地协调经理行为和股东目标。然而，对经理人的薪酬激励能否有效抑制非效率投资，已有研究未达成一致的结论。辛清泉等（2007）发现国有上市公司的薪酬契约失效，在薪酬较低的情况下，高管为寻求投资过程中的私人收益而很可能进行过度投资，但对投资不足的影响不甚明显。詹雷和王瑶瑶（2013）认为在薪酬激励水平较低时，管理层更可能通过过度投资为自己未来获取高额薪酬增加砝码。在企业面临的融资约束较低时，薪酬激励更是加剧了企业的过度投资（张璐芳和朱国泓，2013）。张宏亮等（2017）发现薪酬激励对过度投资的加剧作用在商业类国有企业中更加明显。步丹璐和文彩虹（2013）还发现高管薪酬黏性越大，冒险精神就越强，也就更可能增加投资。但是，也有实证研究结果表明，高管薪酬水平能够抑制企业的非效率投资。持有这一观点的学者认为管理层薪酬激励越高，与股东之间的利益就越趋于一致，管理层的机会主义行为就越少，因此不太可能通过过度投资获得私人收益（周中胜，2008；杨兴全等，2012；田利辉和李春霞，2014）。池国华和邹威（2014）认为在中央企业中，基于EVA考核的薪酬机制能够抑制管理层的非效率投资行为。在薪酬公平的情况下，薪酬契约也能发挥对非效率投资的抑制作用（张敦力和江新峰，2015）。

薪酬激励的另一方面——薪酬差距对投资效率的影响如何，亦有学者进行了相关的研究。黎文靖和胡玉明（2012）研究了在国有企业内部高管与普通员工之间的薪酬差距是否使高管与员工同时受到了激励，投资效率是其中的一个分析视角，结果发现高管与普通员工之间的薪酬差距越大，投资效率越低，这可能是高管为了寻求更高的薪酬而冒险投资于高风险项目造成的。有学者还考察了高管团队内部薪酬差距对企业投资行为的影响。熊婷和程博（2017）发现高管团队内部薪酬差距越大，越能有效激励高管团队成员，缓解其与股东之间的代理冲突，也就越能抑制企业的过度投资。但是，刘敏和冯丽娟（2015）发现扩大高管团队内部的薪酬差距能够提高企业投资水平，却并不能提高投资效率。王建军和刘红霞（2015）

则认为高管团队薪酬差距的扩大能够提高投资效率，但是在薪酬差距过大的情况下，投资效率会下降。于赛渊（2017）认为高管薪酬差距能够抑制过度投资，这种影响是单调但非线性的，对投资不足的影响则存在门槛效应。此外，高管外部薪酬差距也受到了学者的关注。王嘉歆等（2016）基于社会比较理论发现，在薪酬不公平的情况下，容易引发高管的妒忌心理，并导致其以过度投资的方式来寻求补偿。

对薪酬激励与投资效率相关的文献进行归纳后可以发现，在薪酬水平方面，大多数学者的研究结果表明我国的高管薪酬契约是失效的，没有实现应有的激励效果。在薪酬差距方面，学者基于不同层面的薪酬差距，运用不同的数据，基于不同的理论，得出了不一致的结论。也就是说，已有关于薪酬激励与投资效率的研究，虽然结论不一，但主要观点是现有的薪酬激励方式没有提高投资效率。那么，就需要寻找新的激励方式突破现有的瓶颈，企业内部的关键高管对企业的投资行为起着决定性的作用，但他们还未受到学者研究的关注。因此，本书将研究视角转移至企业关键高管，考察针对他们的薪酬激励能否提高投资效率。

2.3.2 薪酬激励影响盈余管理的研究

管理层薪酬激励作为解决现代企业制度两权分离所引发的代理问题发挥着关键作用，然而学术界对管理层薪酬激励的治理作用一直存有不同观点。薪酬激励包括薪酬水平和薪酬结构两种形式。在薪酬水平方面，已有研究表明，在采用公司业绩为基础的薪酬契约中，高管有动机通过会计政策的选择管理盈余以使其个人利益最大化（Watts and Zimmerman，1978；Hagerman 等，1979）。Healy（1985）还发现，如果上市公司存在红利计划，则该公司的管理者为了获得最高奖金很可能进行盈余操纵。Bergstresser and Philippon（2006）认为，如果公司业绩的好坏决定 CEO 潜在薪酬的高低，则

CEO 进行盈余操纵的概率较大。我国学者也对高管薪酬与盈余管理的关系进行了较多研究。王克敏和王志超（2007）的研究发现，经理人报酬显著影响企业的盈余管理程度。权小锋等（2010）认为，管理层薪酬与盈余管理之间的关系还受到管理层权力的影响，管理层的权力越大，进行盈余操纵以获得绩效薪酬的概率越高。经理人还可能通过盈余管理为其高额薪酬进行辩护（谢德仁等，2012），类似薪酬辩护的机会主义行为在美国上市公司中同样存在（Lewellen 等，1996；Kim and Yang，2010；Faulkender and Yang，2011）。然而，也有学者得出了不同的结论。Dechow 等（1995）认为，上市公司的盈余管理程度与以公司业绩为基础的薪酬激励不存在显著的正向关系。也即，管理层进行盈余管理的动机并不一定是为了获取更高的绩效薪酬（Erickson 等，2006；刘斌等，2003；罗玫和陈运森，2010）。张娟（2014）将盈余管理划分为机会主义型和信息驱动型，反而发现高管薪酬与机会主义型的盈余管理显著负相关，与信息驱动型的盈余管理不相关。这可能是因为我国限薪令的颁布使公众对高管薪酬的关注度增加，基于"禀赋效应"、人力资本价值和职业安全的考虑，管理层作为风险厌恶者更可能抑制企业的机会主义盈余管理，以更稳妥的方式获得高额薪酬（张程睿和黄志忠，2015；周晓苏等，2016）。

考察薪酬差距与盈余管理关系的文献尚不多见，得出的结论也不一致。就高管团队内部的薪酬差距而言，俞震和冯巧根（2010）认为，扩大高管团队内部薪酬差距可以在一定程度上影响管理层之间的合作，降低管理层之间串谋进行盈余管理的可能性，最终降低盈余管理程度。然而，于赛渊（2017）认为，管理层内部薪酬差距对真实盈余管理的抑制作用存在区间效应。在研究管理层与普通员工之间的薪酬差距时，Dyck 等（2010）认为企业设定较大的薪酬差距会引起投资者、分析师和媒体对公司更多的关注。投资者和信息中介的关注是为了了解管理层相对较高的收入能否与这些企业的业绩相匹配，这同时给企业提供了更多的外部监督，增加了管理者进行盈余管理的成本，进而促使其降低盈余管理程度（Miller，2006）。杨薇等（2019）认为，较低的薪酬差距意味着管理层的相对收入偏低，此时管理层更有动机进行盈余管理，以期在未来的合约中获得更好的报酬。与上述结论不同的是，有研究认为薪酬差距的扩大会提高上市公司的盈余管理水平（杨志强和王华，2014）。Feng 等（2011）认为，管理层进行盈余管理时，并不总需要串谋，因此，锦标赛理论下通过扩大薪酬差距抑制高管之间的串谋而降低盈余管理程度的观点并不能成立。Brian 等（2014）发现，在激励管理层提高业绩方面，管理层内部薪酬差距可以在短期内发挥正向激励，但这种效应很快就会消失，并引发盈余管理。在管理层与普通员工之间的薪酬差距层面，张泽南和马永强（2014）认为管理层很可能通过操纵盈余的手段来缓解因薪酬差距过大而导致员工产生的不公平感，还可能通过在薪酬契约中增加较好的业绩指标权重来为自己进行薪酬辩护（缪毅和胡奕明，2016）。当高管薪酬明显低于同行业的平均薪酬时，高管存在薪酬攀比的心理，此时则很可能进行盈余操纵以获得更高的薪酬（罗宏等，2016）。

通过梳理关于薪酬激励影响盈余管理的文献可知，无论是薪酬水平层面还是薪酬差距层面，对盈余管理产生的影响都存在不一致的观点。持有薪酬激励能够增加盈余管理观点的学者认为，在薪酬水平和薪酬差距较大的情况下，管理层很可能通过盈余操纵为自己进行辩护。但是，持有相反观点的学者认为，较高的薪酬水平和薪酬差距能够加强企业的外部监督，从而抑制管理层的盈余管理行为。然而，少有研究关注薪酬差距的内部治理作用，特别是忽视了 CEO 与关键下属高管薪酬差距的治理作用，在公司治理过程中关键下属高管有区别于一般高管和普通员工的动力和能力。因此，本书将研究 CEO 与关键下属高管之间的薪酬差距如何影响盈余管理，以拓展薪酬差距及盈余管理相关研究的边界。

2.3.3 薪酬激励影响公司价值的研究

在所有权和经营权分离的情况下，企业中形成了股东和管理者两个不同的利益群体，这两个群体之间存在委托代理关系。企业是以盈利为目的的经济实体，股东为了实现企业价值最大化，就必须制定相关机制以缓解与管理者之间存在的代理冲突，从而激励管理者努力工作。对管理者进行激励的主要形式就是给予管理者一定的薪酬（吴育辉和吴世农，2010）。已有较多文献对高管的薪酬激励能否提高企业价值进行了研究。Murphy（1985）研究发现高管薪酬与股东收益和销售收入有关。此后，还有研究证实了这一结果（Merhebi 等，2006；Atreya 等，2009；Ozkan，2011）。但是，也有研究认为高管薪酬与公司业绩之间只存在微弱的关系，薪酬不能对高管形成有效激励（Firth 等，2006；Duffhues，2008；Shaw and Zhang，2010）。我国关于高管薪酬和企业价值相关性的研究起步较晚。早期的研究一般认为中国上市公司的业绩与高管薪酬水平不相关（魏刚，2000；李增泉，2000）。此后，随着上市公司薪酬制度的改革和薪酬水平的提高，越来越多的研究发现，中国上市公司的公司价值与高管薪酬水平之间相关性在逐渐提高（杜胜利和翟艳玲，2005；方军雄，2009；辛清泉和谭伟强，2009；陈冬华等，2015）。

相比薪酬水平激励而言，薪酬差距与企业价值的研究更为丰富。薪酬差距如何影响公司价值，锦标赛理论和行为理论持有两种不同的观点。锦标赛理论认为薪酬差距的存在将诱使高管为获得晋升和奖金而努力工作，最终提升公司价值（Lazear and Rosen，1981；Rosen，1986），大多数研究均证实了高管薪酬差距对企业价值的积极作用。O'Reilly and Wade（1993）认为，高管薪酬差距与公司总资产收益率及股票回报率均显著正相关。林浚清等（2003）以中国上市公司为研究样本，得到的研究结果同样支持锦标赛理论。此后，国内学者对该领域进行了深入研究。鲁海帆（2011）研究发现，薪酬差距与企业价值的关系受企业风险的影响，当企业风险较低时，薪酬差距会抑制企业价值，而当企业风险较高时，薪酬差距会提高企业价值。周权雄和朱卫平（2010）发现地方国有上市公司薪酬差距与其业绩显著正相关，薪酬差距的扩大会强化国企高管赢得晋升锦标赛的意愿，进而会提高国企高管的努力水平。张瑞君等（2013）认为薪酬激励会促使管理者承担较高风险进而提升公司价值。邵剑兵和李威（2017）研究发现企业战略变革在高管薪酬差距与公司业绩之间起到部分中介作用，即拉大薪酬差距会促使高管采取更加冒险的投资策略，进而提升企业业绩。黎文靖等（2014）还发现高管的外部薪酬差距能够提升企业业绩，但是这种提升主要存在非国有企业中。刘春和刘亮（2010）则从高管与员工之间的薪酬差距视角验证了锦标赛理论。

行为理论认为高管之间会比较薪酬，一旦薪酬差距超过高管所能接受的程度，就必定会产生不公平感，严重影响员工工作的积极性，从而对公司价值产生负面作用。对此，亦有较多研究证实了此现象。Cowherd and Levine（1992）发现，薪酬差距过大会使高管产生不公平感，进而产生人际间负面的情绪，并危害到组织的凝聚力，降低了相互合作的意愿，最终则会损害企业价值。在我国也有较多研究与此观点保持一致。张正堂（2008）认为，高管团队内部过大的薪酬差距破坏了高管之间的有效合作，降低了企业价值。还有研究认为，在高管与员工之间，薪酬差距与企业价值的关系不是线性的，而是一种倒“U”形的关系，也即在薪酬差距较低时，高管与员工之间的薪酬差距存在正向激励效应，但是在薪酬差距较大时变成了负向激励作用（黎文靖和胡玉明，2012；赵睿，2012）。

由上述可知，薪酬水平对高管的激励起到了应有的作用，但是学者对薪酬差距如何影响企业价值，仍然存在不同的观点。不过，大多数文献的研究结果还是支持了锦标赛理论，对行为理论的应用主要体现在高管与员工之间的薪酬差距上。那么，对于公司内部的重要群体——CEO 和关键下属高管而言，他们之间的薪酬差距会对企业价值产生何种影响？适用于锦标赛理论还是行为理论，抑或其他？本书将对此进行深入研究。

2.4 文献评述

由前文可知，已有大量文献深入研究投资效率的影响因素，从中可以得知管理者对企业的投资决策具有非常重要的影响，管理者的自利行为是导致投资过度或不足的重要原因。因此，本书紧接着归纳总结了高管团队的构成和权力以及薪酬契约对管理者自利行为的治理等方面的文献。总结后发现，高管团队及其权力的研究仍然是最受关注的研究领域之一。这些研究以高层梯队理论、高管团队权力理论为基础，并不断拓展研究范围。薪酬差距是薪酬结构的重要组成部分，是公司治理的重要手段，学者也从不同视角考察了不同层面的薪酬差距的经济后果，得到了丰富的研究成果，但研究结论存在较大差异。

基于对高管团队构成的认定，大多数文献考察了 CEO 个体特征或高管团队整体特征对公司治理的影响。在薪酬水平方面，已有研究重点关注了高管团队的平均薪酬或 CEO 的薪酬，在薪酬差距方面，已有研究主要考察了高管团队内部薪酬差距、高管与普通员工之间的薪酬差距、不同公司间高管团队的薪酬差距。但是，鲜有文献关注到高管团队中的核心圈，这一核心圈由 CEO 和关键下属高管构成，更未有文献考察他们之间的薪酬差距对公司治理的影响。关键下属高管虽然不像 CEO 那样处于高管团队中的核心位置，但是他们是高管团队中的“特殊”小群体，因为不是高管团队中的每一位成员都能对公司的战略决策产生重要影响，但是关键下属高管却能起到决定性的作用，他们充当着决策者与执行者的双重角色。此外，他们还是成为未来 CEO 的极具竞争力的候选人。

遗憾的是，CEO 和关键下属高管构成的“关键少数”没有引起已有研究的重视，在高管团队及薪酬差距的公司治理效应方面留下了研究空白。本书则在已有研究的基础上，从薪酬差距视角对 CEO 和关键下属高管如何影响企业投资效率展开研究，这能够开拓高管团队和薪酬差距方面的研究范围，为打破现有公司治理瓶颈提供一个新的着力点，为提高公司治理水平提供一个新的路径。

第3章　概念界定、制度背景与理论基础

3.1　基本概念的界定

3.1.1　关键高管的界定

高管是企业经营者的重要组成部分。作为企业经营者，其在企业经营过程中应该具有决策权，并且能够对企业的经济效益产生重要影响。本书研究高管团队中的“关键少数”，他们对企业的经营决策更是具有极为重要的影响。本书研究的一个重点就是识别出高管团队中的“关键少数”，但这首先需要确定高管团队的构成。

较多国外学者认为 CEO 是高管团队中的核心人物，并且极具个人魅力，所以 CEO 一直是重点研究对象。Kaplan（1994）认为，CEO 对企业的经营状况具有决定性作用，是企业的决策核心，其行为对高管团队中的其他人员具有重要影响。因此，在国外与薪酬相关的研究中，CEO 薪酬激励一直是受关注的焦点。国内学者在对薪酬问题进行研究时，往往把整个高管团队作为研究对象。如果把整个高管团队作为研究对象，则必须确定哪些人属于高级管理人员。我国的法律法规对高级管理人员的具体构成一直没有统一且明确的界定。我国会计准则第36号——《关联方交易》将董事会成员、

总经理、总会计师、财务总监、主管各项事务的副总经理认定为高级管理人员。然而，在《国务院关于股份有限公司境外募集股份及上市的特别规定》中，董事、监事、经理、财务负责人、董事会秘书以及公司章程规定的其他人员被认定为高级管理人员。2006 年新实施的《中华人民共和国公司法》（以下简称《公司法》）对高级管理人员作出了明确的界定，把公司的经理、副经理、财务负责人、上市公司董事会秘书和公司章程规定的其他人员认定为高级管理人员。国内学者在进行相关研究时，对高级管理人员的界定标准也不统一，主要有以下几种标准：（1）只把董事长和总经理认定为高级管理人员（龚玉池，2001；朱红军，2002）。（2）以监管处罚力度为标准，受处罚力度较大者是高级管理人员。总经理受到的处罚力度低于董事长，所以总经理不是高级管理人员，而董事长是高级管理人员（李增泉和杨春艳，2003）。（3）只要能够参与公司的经营决策，就被认定为高级管理人员。在这一标准下，高级管理人员包括董事会成员、总经理、副总经理、财务总监、总工程师、总农艺师、总经济师、董事会秘书以及监事会成员（于东智，2000；谷立日，2001）。（4）国有企业中的董事长和总经理往往由上级政府部门委派，可能并不直接参与企业的经营管理，对公司经营管理起作用的可能是副董事长和副总经理，而高管薪酬的高低主要是根据其对企业的贡献度决定的，因此可以把薪酬最高的管理人员认定为高级管理人员（林浚清等，2003；孙世敏等，2006）。

综上所述，根据高管的职责，结合已有研究以及本书研究目的，并考虑数据的可得性，本书依据我国《公司法》的规定，将高管定义为总经理、副总经理、董事会秘书和首席财务官等在公司经营决策中能够起到决定性作用的管理人员。在企业中，CEO 和高管团队中担任其他关键岗位的部分高管（以下称为关键下属高管）构成“关键少数”，高管团队中的这一小群体对公司的战略决策起着决定性的作用，并且每一位关键下属高管都充当着决策者与执行者的双重角色（Cheng Qiang 等，2016）。不同于一般高管，关键下属高管是可能成为继任 CEO 的具有较高竞争力的潜在候选人，他们的行为决策与其他一般高管相比理应有所差异。因此，本书将 CEO 和关键下属高管定义为高管团队中的关键高管，如何确定关键下属高管的构成，则是本书研究的重点。

张正堂和李欣（2007）及张正堂（2007）研究了核心高管团队间的薪酬差距对企业绩效的影响，其中核心高管团队的成员是指包括 CEO 在内的薪酬排名前三的高管，这种识别核心高管的方法因当时的高管薪酬信息披露不充分而显得过于简单，但值得借鉴的是用薪酬来确定高管是否关键的思想。本书所研究的关键高管能够参与企业的重要战略决策，也就是说他们在企业中有权力、有能力、有影响力。的确，这些关键高管所拥有的权力、能力或影响力取决于很多因素，比如年龄、学历和职位，但是这些都能集中体现在薪酬上。假设经理人竞争市场能有效确定高管的薪酬，那么高管薪酬就能够反映他们所拥有的能力和影响力（Finkelstein，1992）。另外，当时上市公司被要求在年报中披露薪酬最高的前三名高管的薪酬总额，这一规定已显示薪酬高者是为“关键”之意。因此，本书认为从薪酬的角度来确定一个高管在企业中是否关键是比较综合和可靠的，而年龄、学历和职位等都只是其中的一个方面，本书并无意从这其中某一个方面考察其对企业投资的影响。此外，我们还试图借鉴祝继高（2016）的研究方法，根据经理人在高管名单中的排序来确定高管的影响力。但是，这样就会产生另外一个问题，即关键下属高管的人数如何确定。具体而言，借鉴祝继高（2016）的研究经验可以确定高管的影响力大小，但是拥有多大影响力的人才能被定义为关键下属高管？这涉及关键下属高管人数的确定问题，是对本书研究具有重要影响的问题。

2005 年中国证监会明确规定上市公司必须详细披露高管薪酬。因此，本书得以结合高管具体职务类别及其薪酬排名来更确切地识别关键下属高管。关键下属高管的能力相当，能够直接参与公司重要的战略决策，是公司高管团队中除 CEO 以外最具决策影响力的代表。那么，就关键下属高管而言，他们之间的薪酬差异应是最小的。基于此，本书按照薪酬的高低顺序，分别计算了不同下属高管人数时下属高管之间的薪酬标准差，具体情况如图 3－1 所示。由图 3－1 可知，当下属高管为 4 人时，下属高管薪酬的标准差最小。因此，与 Cheng Qiang 等（2016）的研究一致，本书将薪酬排名前四的非 CEO 高管确定为关键下属高管。那么，本书所研究的关键高管则是指 CEO 和薪酬排名前四的非 CEO 高管。

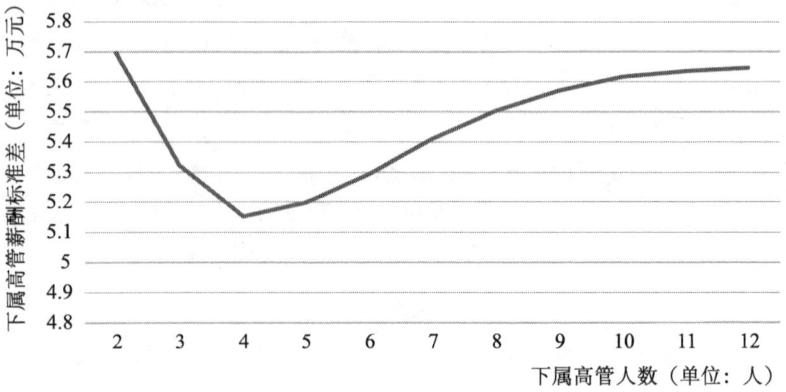

图 3－1 下属高管薪酬标准差趋势

3.1.2 关键高管薪酬差距的界定

当代薪酬管理学者米尔科维奇把薪酬（compensation[①]）定义为雇员作为雇佣关系的一方所得到的各种货币收入、服务及福利之和。这一概念较为完整地解释了薪酬的内涵，薪酬的主客体是雇主

① 在薪酬管理发展历史上，“薪酬”一词并不总是用“compensation”来表示。学术界和企业界所运用的词汇大致经历了从“wage”到“salary”，再到“compensation”，最后衍变到现在薪酬管理实践中通用的“total rewards”的过程。

与雇员，薪酬支付的内容可以是货币收入，也可以是服务或福利，而且薪酬能够以货币和非货币两种形式支付。随着经济社会的发展，薪酬的支付对象、支付形式和支付内容发生了较大的变化。但是，薪酬的本质没有发生变化，它仍然属于一种交换关系，反映了员工为工作付出努力之后获得的回报。

薪酬的概念还可以从广义和狭义两个角度进行界定。在广义层面，员工在努力工作之后获得的全部报酬或奖酬都是薪酬，包括物质和非物质两种形式，非物质形式的薪酬则包括工作愉快感、精神嘉奖以及晋升机会等。在狭义层面，员工在努力工作之后获得的物质报酬才叫薪酬，非物质报酬则不能称为薪酬。狭义上的薪酬有两种支付形式，既能以货币支付，也能以非货币支付。但是，狭义薪酬的主要支付形式是货币薪酬，因此，货币薪酬是狭义薪酬的核心内容。货币薪酬主要由基本工资、奖金、津贴、补贴等内容构成。非货币薪酬虽然不是狭义薪酬的主要支付形式，但是在企业的薪酬激励体系中也是必不可少的内容。企业主要以实物、服务或安全保障等形式给员工支付非货币薪酬，具体包括员工福利、额外薪酬、保障计划①、带薪休假以及其他服务等。

与薪酬概念类似，高管薪酬的概念也可以从广义和狭义两个角度进行界定。在广义层面，高管薪酬是指企业高级管理人员为工作付出努力之后获得的货币薪酬与非货币薪酬。在狭义层面，只有货币薪酬才可以认定为高管薪酬。由于上市公司对高管获得非货币薪酬的情况披露得不够详细，导致难以准确计量非货币薪酬。但是，按照中国证监会的规定，上市公司必须披露高级管理人员的现金薪酬总额，这就为准确度量货币性薪酬提供了便利。因此，本书参照相关已有研究的做法，从狭义层面定义高管薪酬，也即以能够准确

---

① 保障计划是指提供家庭福利、改善健康状况，并为失业、伤残或严重疾病等灾难性原因引起的收入损失作出补偿。

计量的货币性收入来度量高管薪酬。高级管理人员获得的货币性收入主要包括基本工资、各项奖金、福利、补贴、住房津贴以及其他津贴等。

在企业组织中，不同等级之间的薪酬差异被称为薪酬差距。有多种方式可以度量薪酬差距，比如基尼系数、HHI 指标以及水平薪酬差异。张正堂和李欣（2007）及张正堂（2007）计算了核心高管团队间的薪酬差距，受限于当时的信息披露情况，他们只是简单地用前三名高管总薪酬扣除 CEO 薪酬再除以 2，以此计算出其他两位核心成员的平均薪酬，进而计算出核心高管团队间的薪酬差距。然而，2005 年中国证监会明确规定上市公司必须详细披露高管薪酬，本书则借鉴鲁海帆（2007）、张正堂（2007）以及张兴亮和夏成才（2016）等对高管团队内部薪酬差距衡量的基本思想，采用如下公式测算关键高管之间的薪酬差距：关键高管薪酬差距 = ln（CEO 薪酬 − 关键下属高管薪酬均值）。

3.2 制度背景

3.2.1 我国薪酬制度改革的演进

新中国成立之后，经济和社会发展水平得到了显著提升，这与管理者在企业日常经营中发挥的重要作用密不可分，人们也逐渐认识到了管理者对企业经营和经济社会发展的重要作用。一直以来，企业也在不断地发展和完善与管理者有关的薪酬激励机制。具体来说，我国管理者薪酬制度的改革大体上可以分为四个主要阶段。

（1）计划经济时代的薪酬模式

在 1949 年至 1978 年间，我国处于计划经济时期，只存在国有性质的企业。在这一时期，中央和地方政府主导着企业的经营管理和利润分配，企业必须根据国家的发展需要、按照政府制定的计划进行生产，企业需要的生产材料也掌握在中央和地方政府手中。因此，在计划经济时期，中央和地方政府对国民经济具有高度集中的控制权，企业管理者的工资薪酬也由政府统一制定。负责制定工资标准的具体部门是中华人民共和国劳动部以及地方劳动部门。各级劳动部门根据中央下达的工资总指标制定各地区、各部门及各企业单位的工资标准。1950 年 8 月，劳动部和全国总工会联合出台了《工资条例草案》《工资条例说明书》《各产业工人职员工资等级表草案》等文件，对管理人员和普通工人的工资划分了等级，管理人员的工资与职务级别相关，普通工人的工资与工种级别相关。为了满足社会生产生活的需要，中央人民政府后续又发布了一系列文件，在全国范围内实行统一的工资标准，并在企业内部实行等级工资制度，企业管理人员的工资待遇与行政级别挂钩。在计划经济时期，企业管理者的人力资本没有得到足够的重视与挖掘，对管理者的激励只是从职位晋升和精神荣誉等非物质层面进行，并且没有把管理者的工资与企业的经营业绩联系起来。在这种制度背景下，管理者的工作积极性很难被调动起来，无论在主观还是客观上，管理者都难以努力地工作，企业的经济效益也难以提高。

（2）改革开放初期的薪酬模式

党的十一届三中全会的召开拉开了我国改革开放的序幕，同时意味着我国即将从计划经济时代跨入市场经济时代。为了满足发展社会主义市场经济的需要，必须对国有企业进行改革，改革主要涉及企业经营权和所有权两个方面。在对国有企业经营权和所有权进行改革的同时，企业管理者的薪酬激励制度也逐步得到了完善。在计划经济时期，国有企业主要面临的问题是政企不分、效益不高。因此，在改革开放初期，政府试图通过对企业经营自主权的改革来解决国有企业面临的困境。1979 年 4 月，国务院正式颁布了《关于扩大国营工业企业经营管理自主权的若干规定》等五个相关文件，并在四川省进行扩大自主权的试点。根据文件规定，企业拥有与经营相关的十四项自主权。获得经营自主权之后，企业就可以部分控制生产材料，并可以对企业利润进行自主分配。这样一来，企业经营者和生产者的工作积极性得到了明显改善。

为推动国有企业做到政企分开，党的十二届三中全会通过了《中共中央关于经济体制改革的决定》，这意味着国有企业的所有权改革即将开始，国有企业（以下简称国企）也将逐步融入市场经济。1986 年 12 月 5 日，国务院出台了《关于深化企业改革 增强企业活力的若干规定》，该规定的主要思想就是推行国有企业承包制，并进行股份制改革试点。国有企业承包制使得管理人员拥有更大的经营权和分配权，在一定程度上提高了企业活力。但是，承包制的缺点也非常明显，就是管理者往往具有短视行为。具体而言，企业的管理者只对能够短期获利的投资项目感兴趣，而很难对超出承包年限但有益于企业长远发展的投资项目感兴趣。

总体而言，改革开放初期的国有企业改革带动了薪酬制度改革，经营者的薪酬首次能够与企业的经营业绩联系起来，为实现所有权和经营权的真正分离奠定了良好的基础。虽然企业经营者的工资水平没有完全脱离行政级别等因素的影响，但基于绩效考核的物质激励逐渐受到重视，这在企业经营者激励机制的发展中起到了非常关键的作用。

（3）深化改革阶段的薪酬模式

20 世纪 90 年代以来，中国的市场经济改革进入了一个崭新的历史阶段。原国家体制改革委员会出台了《股份有限公司规范意见》，尝试解决企业承包制带来的弊端，力图从所有权层面深化国有企业改革。该意见指出，国有企业要实现产权结构多元化，通过多元化的产权结构优化内部治理，而内部治理是否有效体现在股东和董事会能否对管理者进行激励和监督。为了实现对管理者的有效激励，上万家企业尝试执行管理者年薪制度。企业执行的年薪制度大致可以分为两种：一种是根据企业经济效益来决定管理者的风险年薪；另一种是明确划定管理者的最高年薪和最低年薪。

年薪制的执行在一定程度上提高了企业经济效益，推动了企业发展，对我国企业薪酬激励制度改革也有十分重要的意义。年薪制的实施显著提高了企业管理者的薪酬，比之前高出了数倍甚至数十倍，管理者的工作积极性被充分调动起来。但是，年薪制也存在一定的问题。在年薪制度下，企业主要依据短期财务指标对管理者进行考核，这很容易造成管理者为追求短期利益而放弃对企业有利的长期投资，甚至还可能出现管理者机会主义行为，比如操纵利润。此外，在实践中，企业的年薪绩效考核标准不科学，没有使管理者的贡献和收入很好地对应起来，而且还有部分企业的年薪绩效考核流于形式。上述现象引起了相关部门的重视，年薪制从1998年开始暂停实施。年薪制之后，人们开始关注以股权激励为代表的长期激励。1997年国家大力推进股份制改革，促使部分地区在国有企业内部积极探索股权激励方案，这客观上为之后企业经营者激励的全面发展和完善提供了良好的借鉴。

（4）全面发展和完善阶段的薪酬模式

中国共产党第十五届中央委员会第四次全体会议通过的《中共中央关于国有企业改革和发展若干重大问题的决定》中指出，“建立和健全国有企业经营管理者的激励机制和约束机制，实行经营管理者收入与企业的经营业绩挂钩，少数企业可以试行经理年薪制、持有股权等分配方式”，此项决定的颁布意味着我国企业经营者的激励机制进入了全面发展和完善的阶段。

2005年11月，国务院国有资产监督管理委员会（以下简称国资委）出台了《国有控股上市公司实施股权激励试行办法》的征求意见稿，目的是为了规范管理上市公司的股权激励机制。这份征求意见稿把股票期权、限制性股票、股票增值权认定为股权激励的主要形式，并进一步明确了国有上市公司股权激励的对象和规模。

2006年1月，中国证监会颁布了《上市公司股权激励管理办法（试行）》，允许上市公司向管理层及其他员工赋予本公司的股票，以实现长期性激励的目的，同时还指明了在股权激励的实施程序和信息披露方面需要注意的事项。2008年，中国证监会下发了《股权激励有关事项备忘录1号》，对股权激励与重大事件的间隔期限作出了严格的规定，还下发了《股权激励有关事项备忘录2号》，对股权激励的授予价格作出了严格的规定，最后下发了《股权激励有关事项备忘录3号》，对主要股东、实际控制人成为激励对象时的相关问题提出了严格的要求。上述文件的颁布都是为了防止上市公司借助股权激励进行利益输送。

需要说明的是，我国上市公司实施的股权激励机制与欧美发达国家相比还存在一定的差距，典型的问题就是股权激励占受激励对象全部收入的比重较低，这也是未来需要进一步完善的地方。在国家陆续出台的相关政策指导下，我国企业的激励方式日趋增多，与薪酬制度相关的规定也在逐渐细化。虽然在薪酬激励实践上仍存在一定的问题，但也应该看到我国企业薪酬制度改革取得的重大进步。

3.2.2 国有企业高管薪酬管制制度

2004年，国资委出台了《中央企业负责人薪酬管理暂行办法》，对中央企业（以下简称央企）负责人的薪酬作出了严格规定。央企负责人的薪酬包括基薪、绩效薪金和中长期激励单元等三个部分，其中，基薪的确定相对复杂，需要把企业经营规模、经营难度、战略责任和所在地区、所处行业以及本企业的平均工资考虑在内，而绩效薪金则直接与经营业绩挂钩，根据企业负责人的年度考核情况来确定。因为央企负责人薪酬的决定因素首次被明确，所以《中央企业负责人薪酬管理暂行办法》对国企薪酬制度改革具有里程碑的意义。此外，《中央企业负责人业绩考核暂行办法》明确了央企业绩的考核指标，包括年度考核指标和任期考核指标。年度考核指标包括基本指标和分类指标，其中，基本指标由年度利润总额和净资产收益率构成，分类指标则由国资委根据企业所处行业的特点和企业其他情况确定，任期考核指标需要国资委根据国家有关规定来审核确定，但主要包括国有资产保值率和主营业务收入增长率。

国有企业所有权层面的放权和薪酬制度的改革，使得企业之间以及高管与员工之间的薪酬差距出现并扩大，引起了社会上的争论和质疑。为此，有关部门出台了一系列规定来规范上市公司的高管薪酬。2009 年 1 月，财政部发布了《关于金融类国有和国有控股企业负责人薪酬管理有关问题的通知》，4 月发布了《关于国有金融机构 2008 年度高管人员薪酬分配有关问题的通知》，国资委则于 2009 年 9 月发布了《关于进一步规范中央企业负责人薪酬管理的指导意见》。

政府部门一方面出台相关政策鼓励上市公司推行股权激励制度，另一方面又颁布了种种“限薪令”，这就导致政策规定之间发生了冲突。事实上，对国企高管薪酬的管制并未起到应有的作用（沈艺峰和李培功，2010），反而会刺激在职消费和高管腐败（陈冬华等，2005；陈信元等，2009），降低高管薪酬业绩敏感性（刘星和徐光伟，2012），造成了更大的不公平。我国政府部门以及企业本身对于薪酬激励的内部机理可能还很不清楚，这就导致政府部门制定的相关政策存在相互矛盾。因此，与薪酬激励相关的许多问题还需要在实践中厘清。

3.2.3 上市公司高管薪酬披露制度

我国已经形成了较为健全的法律规范体系，为上市公司高管薪酬信息披露提供了一个较好的制度基础。为了方便公众知悉上市公司高管持有的股票和债券的情况，《中华人民共和国证券法》（以下简称《证券法》）规定上市公司需要在公告中对此进行详细披露。《公司法》规定任何公司都有义务向其股东定期地披露高管薪酬情况，这是为保护股东权益作出的强制性规定。然而，《证券法》和《公司法》只是对高管薪酬披露作出了原则性要求，体现了这两部法律的统领作用。相关行政法规和部门规章详细阐释了高管薪酬披露的具体可行操作。《股票发行与交易管理暂行条例》要求上市公司年度报告中必须披露高管薪酬的详细信息。《上市公司信息披露管理办法》第二十一条规定上市公司年度报告中必须披露董事、监事以及高级管理人员的任职、股权变动、年薪等情况。每年一公告的方式为股东和公众提供了一个了解和监督高管薪酬情况的渠道，对高管薪酬的合法合理性起到了一定的规制作用。此外，中国证监会和财政部还对薪酬的制定和决策程序作出了一系列规定。

虽然相关部门在不断地完善上市公司高管薪酬信息披露的情况，但仍存在一些不能忽视的问题。我国还没有形成一个牢固的高管薪酬披露体系，与高管薪酬相关的信息在年报中没有得到充分完整的披露，披露形式也较为单一（葛家澍和田志刚，2012）。我国的相关法律法规只要求披露高管的薪酬总额，而没有要求进一步披露高管薪酬的内部结构。如果高管薪酬中的基本工资、奖金、福利等信息均没有被披露，市场和社会公众的知情权则没有得到保障，也难以对高管薪酬进行有效监督。此外，高管的收入不一定都体现在明面的高管薪酬上，有许多企业还以延时薪金等其他隐蔽形式给高管支付薪酬，而相关法律法规没有对这些内容作出规定，这是高管薪酬披露制度中的漏洞。

3.3 理论基础

3.3.1 委托代理理论

20 世纪 70 年代，美国经济学家伯利和米恩斯提出了委托代理理论。按照伯利和米恩斯的观点，委托人和代理人之间存在信息不对称，而且这种信息不对称主要体现在时间和信息两个方面。时间方面的信息不对称可以发生在双方签订契约之前，也可以发生在双方签订契约之后。如果发生在契约签订之前，则称为“逆向选择”，如果发生在契约签订之后，则称为“道德风险”。在新古典经济学中的“经济人”假设下，委托人与代理人都是“经济人”，他们都期望在特定条件下实现个人利益最大化。在委托代理关系中，委托人支付给代理人报酬，希望代理人能够努力工作。委托人支付给代理人的报酬成为了代理人的收益，同时也成为了委托人的成本，而代理人的成本则是代理人付出的努力，代理人努力工作产生的结果则构成了委托人的收益。因此，委托人和代理人的利益并不一致，委托人更关注的是最终的结果，代理人更关注的是付出努力的程度。在利益发生冲突的情况下，代理人很可能利用委托人赋予的剩余控制权来侵占资源，以谋取个人利益，同时降低自身努力程度，相关代理问题由此而产生。代理问题的存在很可能导致企业价值受损。因此，如何设计出一套合理的激励措施以缓解代理问题，成为了委托代理理论研究的重要内容。

传统的委托代理理论研究的是单一委托人、单一代理人和单一事务的双边委托代理问题，可以称为双边委托代理理论。双边委托代理理论是整个委托代理理论最理想的形式，也是其他代理理论的基础。但是，传统的委托代理理论在解释现实问题时往往存在缺陷，因为它的解释力度有限。正因如此，委托代理理论在不断地发展与完善，并已经从传统的双边委托代理理论发展到现在的多代理人理论和多任务代理理论。虽然委托代理理论拓展了应用边界、增加了不同内容，但还是在相同的基础框架内对委托代理问题进行解释，这一基础框架就是委托人和代理人之间的利益冲突和信息不对称最终会导致代理人作出有损委托人利益的行为。

3.3.2 激励理论

激励理论可以按照管理激励和经济激励两个角度进行划分，分别对应的是管理激励理论和经济激励理论。管理激励理论包括需求层次理论、双因素理论、期望理论。按照需求层次理论的观点，人的需求包括生理、安全、社交、尊重和自我实现，这是五个不同等级的需求。不同的人处于不同层次、不同阶段、不同岗位，需求自然也不尽相同。对高管而言，只获得薪酬并不能满足他们的需求。但不可否认的是，高层次的需求建立在丰富物质的基础之上。双因素理论解释的是保健和激励问题，这是根据对员工满意度的影响程度不同而区分的。双因素理论中的保健因素主要是指工作环境、人际关系等外界因素，这些因素会影响员工满意度。对这些因素进行修改可以降低员工的不满意程度，但很难提高员工满意度。双因素理论中的激励因素主要指工作价值、自我提高等能够影响员工内部心理的因素。与保健因素不同，对激励因素进行修正则可以显著提高员工满意度。特别地，就公司高管而言，他们关注的重点不是工作环境、薪资等保健因素，而是工作价值、自我提高等激励因素。因此，企业需要建立一种有效的激励机制，促使高管为实现自我价值而努力工作，从而缓解代理矛盾，降低代理成本，最终实现委托人和代理人共同利益最大化。期望理论认为预期目标和目标的价值对员工的激励程度影响最大，从而提出了著名的期望公式：激励力量 = 效价 × 期望值。激励力量是员工内心被激发的程度，效价是目标实现之后员工能够得到的收益，期望值是员工自己评估的目标实现可能性。期望理论具有很强的操作性，在员工实现目标的过程中，运用期望理论可以准确地评估员工受激励程度。

经济激励理论中较为经典的是行为厂商理论和经理厂商理论，它们都是在理性人假设的基础上，解决因委托代理关系导致的所有权与经营权相分离而产生的问题，从而实现委托人利益与代理人利益的共同最大化。委托代理关系导致委托人与代理人之间因利益问题而存在冲突，因此必须设计一种制度来解决或缓解冲突。如果能同时满足以下三点，就说明设计的制度有效：(1) 能够激励代理人为了自身利益最大化而采取相应的行动以先实现委托人效益最大化。(2) 代理人接受这一制度安排所能获得的报酬必须大于不接受所能得到的报酬。(3) 在制度安排范围内，即便委托人损失部分个人利益，最终也能获得最大的报酬。

3.3.3 锦标赛理论

传统的薪酬理论认为薪酬由边际产出决定，但 Lazear and Rosen (1981) 对此表示怀疑，并提出了锦标赛理论。根据锦标赛理论的观点，在确定的环境下，与基于边际产出的薪酬制度相比，基于相对绩效的薪酬制度的评价成本更低，但是能够产生相同的资源配置效率；在不确定的环境下，基于相对绩效的薪酬制度能够消除外部因素带来的不确定性，因此能够产生比基于边际产出的薪酬制度更高的资源配置效率。Rosen (1986) 认为，如果在企业内部开展序数锦标赛，那么就需要向较高等级的管理者支付额外的奖励，以诱使竞赛参与人为获取锦标赛的胜利而保持较高的努力水平。然而，在企业组织中，不是只有负责作出决策的管理团队，还有负责执行决策的大量员工，不能只考虑对管理层的激励，还要考虑对员工的激励。因此，锦标赛理论也被用于解释员工薪酬差距与企业绩效之间的关系。Main 等 (1993) 发现，竞争者人数的增加会带动薪酬差距的增加，每增加一个竞争者会导致薪酬差距增加 3%，这说明如果在 CEO 与其他高管之间设定恰当的薪酬差距，就能够使高管维持足够强的激励。Conyon 等 (2001) 则发现，在 CEO 以下的两个行政层级中，每增加一位高管人员，CEO 与其余高管人员薪酬中值的差异就增加 3.5%。Frank (1985) 认为，一个人在组织中的身份和威望与报酬密切相关，而过于平均的报酬则会降低报酬产生的这种作用。Kahn and Sherer（1990）研究认为，如果经营业绩与高管薪酬显著正相关，则高管人员为了获取更高的薪酬就会付出更多的努力以取得更优异的业绩。Milgrom and Roberts（1992）研究发现，对高业绩者给予更高的报酬有利于提高薪酬业绩敏感性，进而有利于提高公司业绩。此外，学者普遍认为薪酬差距与能够衡量公司业绩的总资产收益率和股票回报率存在着显著的正相关关系（Henderson and Fredrickson，2001；Lynch，2005；Sunde，2005）。还有研究认为，锦标赛理论比公平理论更适用于解释薪酬差距问题，过小的薪酬差距会产生不利效果，很可能造成反向激励效应（Milkovieh and Newman，1996）。还有研究基于不同的制度背景，对薪酬差距与企业绩效的关系进行了检验（Winter 等，1999；Hibbs 等，2000；Bingley 等，2001；Lallemand 等，2004）。总体而言，他们的研究结果也支持锦标赛理论。

3.3.4 横向监督理论

Alchian and Demsetz（1972）提出了团队生产理论，把企业研究的重点从交易费用转移到解释企业内部结构的激励问题上。团队生产理论认为产品由企业内的若干成员共同生产，因此，企业在本质上是一种“团队生产”方式。但是，在这种“团队生产”环境下，不能准确度量每个成员对产品的真实贡献，企业也就不能根据每一个成员的真实努力支付其应得的报酬，这就产生了“搭便车”问题。为解决这一问题，就需要监督团队中的每一位成员。与委托人实施的垂直的监督不同，代理人之间所实施的是同一水平线上的横向监督。横向监督的产生原因有两个：一是由于团队成员个体贡献的不可衡量性，导致不能依据个体业绩或贡献对团队成员进行补偿；二是由于团队成员之间存在利益相关性，一个人偷懒会导致团队产出的减少，从而导致其他成员报酬的减少。

虽然纵向监督和横向监督的行为主体不同，但从信息的角度看，它们发挥的主要作用都是收集和处理与代理人有关的信息。委托人对代理人实施纵向监督时需要收集和处理的是与代理人努力程度有关的信息，由于委托人与代理人存在信息不对称，因此信息的收集和处理需要花费高昂的成本。但是，如果代理人之间相互收集和处理相关信息，就存在较大的便利，因为他们相互掌握着更多的私有信息，这样就降低了信息的收集和处理的成本，所以代理人之间的横向监督可以对纵向监督进行有效的补充（任广乾，2014）。当然，要促使代理人之间进行横向监督，还需要一种动力牵引，否则代理人之间就没有实施横向监督的积极性（Kandel and Lazear，1992；Banker and Lee，2001）。

横向监督理论在社会学和团队经济学的研究中都有着重要的启示意义。在经济学的相关研究中，Jones and Kato（1995）调查发现，以日本为例，职工持股计划可以激发企业内部成员间的互相监督，这种监督模式可以创造一种对生产有利的气氛。Williamson（1975b）认为，相对于市场来说，团队的优势在于拥有更强的事前甄别和事后监督能力，而且团队成员之间相互监督的成本更低，因此横向监督可以发掘团队的潜在组织利益。

第 4 章　机理分析框架

在现代公司中，股东与管理者之间的关系是一种典型的委托代理关系。股东自身保留剩余索取权，把剩余控制权委托给管理者，股东成为了委托人，管理者成为了代理人。根据委托代理理论的观点，股东与管理者之间存在代理冲突。在新古典经济学中的“经济人”假设下，委托人与代理人都是“经济人”，他们都期望在特定条件下实现个人利益最大化。在委托代理关系中，委托人支付给代理人报酬，希望代理人能够努力工作。委托人支付给代理人的报酬成为了代理人的收益，同时也成为了委托人的成本，而代理人的成本则是代理人付出的努力，代理人努力工作产生的结果则构成了委托人的收益。因此，委托人和代理人的利益并不一致，委托人更关注的是最终的结果，代理人更关注的是付出努力的程度。在利益发生冲突的情况下，代理人很可能利用委托人赋予的剩余控制权来侵占资源，以谋取个人利益，同时降低自身努力程度，代理问题由此而产生。此外，委托人和代理人之间存在着信息不对称，这也会加剧双方的代理冲突。委托人拥有更多的资源，但是由于各方面的条件限制，不得不把一部分资源交给代理人管理，委托人向代理人支付薪酬，并向代理人提出努力工作的要求。代理人在管理过程中获得了更多私有信息，而委托人却难以获取这些信息，所以委托人并不能准确地了解代理人到底付出了多少努力。因此，委托人为保证自身利益不受损就必须付出一定的成本，促使代理人付出相应的努力程度。

激励理论认为通过建立一种有效的激励机制可以解决股东与管理者之间的代理问题。有效的激励机制可以促进高管为实现自我价值而努力工作，从而使得股东和管理者效益均实现最大化。薪酬激励作为激励机制的核心，通常被认为是解决委托代理问题的最佳路径（Jensen and Murphy，1990；Jensen 等，2004）。薪酬激励通过加强高管薪酬与公司业绩的联系，提高薪酬业绩敏感性。薪酬激励机制的设计一般包括两个方面：薪酬水平和薪酬结构，薪酬差距则是高管薪酬结构设计中非常重要的部分。Lazear and Rosen（1981）提出的锦标赛理论认为，高管就是职位晋级赛中的参赛对手，层级间的薪酬差距则是公司对此次竞赛中晋升至更高层级的获胜者给予的额外奖金，薪酬差距越大，即获胜者的奖金越多，就越能促使较低层级者在该高额薪酬的诱惑下付出更多的努力，提高其工作积极性。此后，学者在如何设计锦标赛式的薪酬机制从而带来更高的产出水平方面进行了诸多研究，其中，主要研究了高管团队薪酬差距、高管与员工之间的薪酬差距以及与其他公司高管之间的薪酬差距。但是，针对同一类型的薪酬差距得到的研究结论都不尽相同。

Keeffe 等（1984）认为，制定合理薪酬差距可以促使员工积极参加锦标赛竞争，为了获取锦标赛竞争的胜利，员工必定会更加努力地工作。Rosen（1986）通过分析不同层级间的薪酬差距产生的激励效果发现相邻层级之间的薪酬差距越大，员工受到的激励程度就越高。Knoeber and Thurman（1994）考察了参赛者异质性的情况，认为如果参赛者可以清楚地意识到自己和他人之间的能力差异，意识到在能力存在差异的前提下，即使付出最多的努力，也不一定能够在锦标赛中胜出，那么自然就选择付出较低的努力水平，而这就会导致锦标赛机制的激励效果有所减弱，因此在实践中有必要将参赛者异质性的因素考虑进来（Gomez－Mejia 等，2009；Nippa，

2010)。因此，本书仍然从高管团队层面研究薪酬差距这一激励机制的产出效果，但并不是考察高管团队的全部，而是其中的“关键少数”。具体而言，就是关键高管，也即 CEO 和关键下属高管。一方面，在一个组织中，“关键少数”担负关键责任，应有关键作用，因此要抓住“关键少数”。另一方面，在企业中，CEO 和关键下属高管构成的这一小群体对公司的战略决策起着决定性的作用，并且每一位关键下属高管都充当着决策者与执行者的双重角色。不同于一般高管，关键下属高管是可能成为具有较高竞争力的继任 CEO 的潜在候选人，其重要性虽不等同但并不亚于 CEO，甚至可以说，在正常情况下，关键下属高管与 CEO 在能力水平上的差距并不大。因此，他们的行为决策与其他一般高管相比理应有所差异。如果在关键下属高管与相邻层级的 CEO 之间设置一定的薪酬差距，那么他们会竭尽所能以获得晋升锦标赛的胜利。

企业设计薪酬激励机制的初衷是为了将经理人的行为和股东目标协调一致，从而提高企业价值。然而，公司治理需要通过“中间桥梁”来实现企业价值的提升。也就是说，公司治理首先会影响企业行为，这些行为继而影响企业价值，企业的投资行为便是影响企业价值的一个重要桥梁（辛清泉等，2007）。因此，本书从企业投资视角理解 CEO 和关键下属高管之间的薪酬差距的治理有效性。从宏观层面来看，我国经济高质量发展依然需要投资驱动。因此，我国上市公司主要的发展目标就是“做大做强”。在这种发展目标的指引下，越来越多的公司实施多元化经营战略，以扩大自身产业链规模。遗憾的是，我国上市公司存在严重的非效率投资。究其原因，可以从代理成本和信息不对称两个方面进行解释。根据代理理论，由于所有权和控制权的分离，管理层可能会因帝国建造、堑壕效应以及声誉提升等动机而不完全按照股东价值最大化的原则作出投资决策（Jensen and Meckling，1976；Stein，2003；辛清泉等，2007；池国华和邹威，2014）；根据信息不对称理论，在信息不对称的情况下，投资者无法判断企业投资项目的真实价值，从而导致企业过高的资本成本或者根本无法融资，当资金出现短缺时，企业只能选择放弃有价值的投资项目，这就会导致投资不足（Myers and Majluf，1984）。总之，代理理论和信息不对称理论均认为经理人作为企业资源配置的主要决策者，他们的行为与企业投资效率密切相关。那么，CEO与关键下属高管之间的薪酬差距将如何影响企业的投资行为？这需要进行深入地分析。

在高管团队中，CEO是最有能力去管理公司的人，但是已有众多研究表明CEO的权力过大往往会给企业经营带来负面影响。关键下属高管则是高管团队中最有能力和动力成为未来CEO的人，且通常更关注企业的长期价值（Acharya等，2011；Cheng Qiang等，2016）。由CEO和关键下属高管组成的关键高管能够对企业的战略决策产生重要影响，企业的资本投资决策也包括在其中。根据锦标赛理论，薪酬差距可使关键下属高管始终保持强烈的获胜动机，为关键下属高管持续努力工作提供强有力的激励，在实现高管个人利益的同时，提升了公司价值。此外，CEO与关键下属高管之间的薪酬差距还会促进他们之间的相互监督，特别是关键下属高管对CEO“自下而上”的监督以及关键下属高管之间的相互监督。相对于董事会对管理层的纵向监督而言，上述两种监督属于管理层内部的横向监督。横向监督理论认为，在一个组织中，团队成员不能仅仅依靠个人业绩或贡献获得补偿，并且团队成员之间的利益具有相关性。在这种情况下，团队产出会因一个人的偷懒而减少，团队其他成员的报酬也因团队产出的减少而降低（章元，2003）。因此，为了提升业绩而获取更高的报酬，关键高管之间会进行相互监督以提高每个成员的努力程度（Williamson，1975b；Jones and Kato，1995）。另外，作为未来CEO的潜在候选人，每一个关键下属高管在与CEO之间薪酬差距的激励下，都很可能会监督其他关键下属高管成员以及CEO的自利行为或机会主义行为，以提高自身晋升的可能性。

基于上述理论分析，本书认为 CEO 与关键下属高管之间的薪酬差距能够通过缓解代理冲突和降低信息不对称两个方面提高企业的投资效率。具体地，可以通过提高更换业绩低劣的 CEO 的可能性来缓解代理冲突。关键下属高管作为未来 CEO 的潜在候选人，其与 CEO 之间存在较大的薪酬差距会诱使他们竭尽所能地争取职位晋升赛的胜利。因此，在公司业绩较差时，关键下属高管有动机且有能力向董事会提供更多有关 CEO 经营决策行为的真实信息，以提高董事会解聘现任 CEO 的可能性。CEO 自身亦能感知到这种潜在的“危机”，并会主动与公司股东利益保持一致，更加努力提升公司业绩以降低被解聘的可能性。投资是影响公司业绩的中间桥梁，提高公司业绩则需要通过提高投资效率来实现。在降低信息不对称方面可以通过降低企业盈余管理程度来实现。就应计盈余管理而言，其容易被监管部门或外部审计发现，一旦被监管部门查处，上市公司和管理者的声誉均会受到影响。根据经理人市场理论，如果管理者的声誉受损，不仅难以向董事会提出加薪或晋升要求，更阻碍了其跳槽以获得更高职位的机会（Fama，1980）。因此，关键下属高管在与 CEO 之间薪酬差距的激励下，存在抑制 CEO 的应计盈余管理行为的动机。就真实盈余管理而言，关键下属高管更注重企业的长期价值，那么考虑到真实盈余管理对企业及自身的影响，关键下属高管更不可能允许 CEO 合谋进行真实盈余管理。概言之，CEO 与关键下属高管之间的薪酬差距通过锦标赛激励和横向监督来缓解代理冲突和降低信息不对称，进而提高了企业的投资效率。投资是上市公司最重要的财务决策之一，它可以推动企业未来现金流持续增加，促进企业成长，帮助实现企业价值的稳步提升。那么，CEO 与关键下属高管之间的薪酬差距对投资效率的影响也必然推动企业价值的提升。

概言之，本章从以下三个方面对本书的研究机理进行阐述。首先，分析企业制定薪酬激励机制时在CEO与关键下属高管之间寻找影响薪酬差距的动因。其次，描述CEO与关键下属高管在设定的薪酬差距作用下，将分别产生什么样的行为。最后，在上述分析的基础上，从企业投资的角度对关键高管薪酬差距的治理有效性进行深入挖掘。展开地讲，就是从对投资效率的具体影响、作用机制以及经济后果三个方面系统地研究关键高管之间的薪酬差距对企业投资效率的影响及其经济后果。图4-1可以简略地概括本书研究机理的内容。

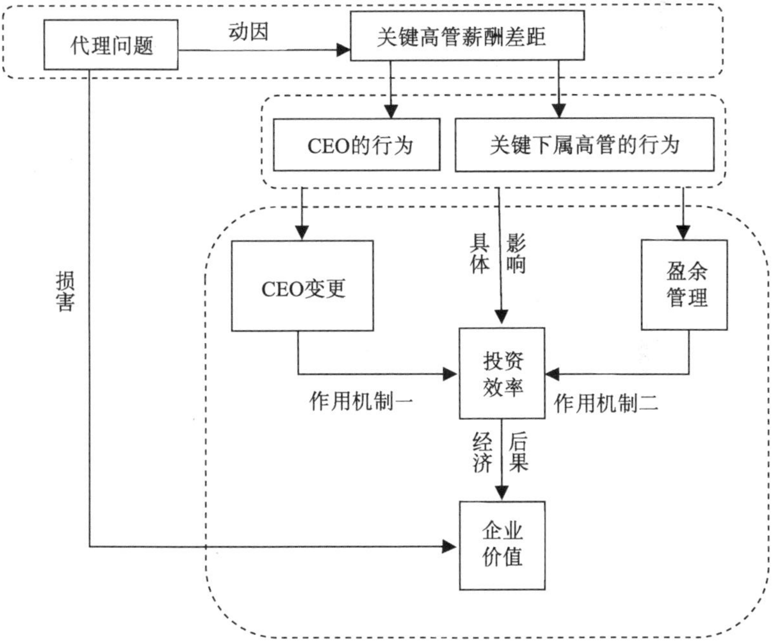

图4-1 简略的机理分析

第5章　关键高管薪酬差距与投资效率之关系的实证检验

5.1　理论分析与假设发展

投资是上市公司最重要的财务决策之一。投资决策的重要性可以从宏观和微观两个层面来解释。在宏观层面，我国经济高质量发展的重要推手依然是投资，其重要性目前还难以被替代；在微观层面，投资可以推动企业未来现金流持续增加，促进企业成长，帮助实现企业价值的稳步提升。因此，我国上市公司一直尝试通过投资来实现自身的发展壮大。最近几年来，全球宏观经济形势不容乐观，甚至持续低迷，较多上市公司面临着严重的资金短缺问题，并且很难获得银行贷款，但是上市公司没有停止扩张的脚步。然而，这样大规模的投资都是有效的吗？是否都为企业的发展与成长带来了积极作用？现实情况不够理想，在上市公司的大规模投资中，很多都是无效或者低效的投资，这给企业带来了显著的负面影响。究其原因，从公司层面看，管理层为了实现企业的快速扩张，往往倾向于投资规模较大的项目，但是忽视了对项目风险、未来现金流、投资回报期等重要问题的准确评估。然而，上市公司本身的管理水平和财务能力难以满足投资项目的后期需求，也就使得上市公司面临着较大的财务风险与经营风险。学者研究也表明我国上市公司存在普遍的低效率投资现象（张功富和宋献中，2009；方红星和金玉娜，2013；刘星等，2014）。

管理层在上市公司的日常经营管理中发挥着重要作用，而管理层与股东之间却一直存在利益博弈。在现代企业中，所有权与经营权的分离使得管理者与股东之间的代理问题普遍存在（Jensen and Meckling，1976）。企业的投资决策深受代理问题的重要影响（Stein，2003；池国华和邹威，2014）。一方面，出于构建“企业帝国”的冲动（Jensen and Meckling，1986；Jensen and Murphy，1990；Biddle and Hilary，2006；杨华军和胡奕明，2007）、过度自信（姜付秀等，2009）、获取在职消费（Stulz 等，1990）、机会主义（唐雪松等，2007）等原因，管理者会盲目扩大投资规模，接受净现值为负的项目，造成企业的过度投资。另一方面，出于规避投资风险（Ross，1973）、降低投资的个人机会成本（Aggarwal and Samwick，2006）、维护经理人市场声誉（Holmstrom，1999）等动机，一些净现值为正的投资项目可能会被管理层放弃，致使企业投资不足。信息不对称也能导致企业投资效率低下。在信息不对称的情况下，一方面，投资者对管理层的监督、评价和控制失效，管理层因存在道德风险而可能导致非效率投资；另一方面，信息不对称还会影响投资者和管理层对投资项目的判断，进而影响投资效率（Myers and Majluf，1984；Heinkel and Zechner，1990）。此外，投资者面临的信息风险也会因信息不对称的存在而提高，信息风险的提高则会增加企业面临的融资约束，融资约束的增加则会导致企业投资不足，最终导致投资效率下降（Biddle and Hilary，2006）。

良好的薪酬机制能够将管理者与股东之间的利益达成一致，进而缓解管理者自利行为引发的代理问题（Jensen and Meckling，1976；Smith and Watts，1992）。就投资决策而言，一方面，管理者在薪酬机制的激励下可能会选择放弃净现值为负的投资项目，那么企业的过度投资问题得到了解决；另一方面，管理者在薪酬机制的激励下还可能倾向于接受那些净现值为正的投资项目，那么企业的投资不足问题得到了缓解（辛清泉等，2007）。CEO 和关键下属高管作为高管团队中的“关键少数”，通常作出企业真正的战略决策，就投资决策这一影响企业未来现金流的重要决策而言，作为高管团队“核心圈”成员的 CEO 和关键下属高管，更是有着举足轻重的作用。薪酬差距是薪酬机制的重要组成部分，CEO 与关键下属高管之间的薪酬差距对缓解管理层与股东之间的代理问题进而对抑制非效率投资有着重要作用。

按照锦标赛理论的观点，层级间的薪酬差距是公司给予晋升至更高层级的获胜者的额外奖金，薪酬差距越大，获胜者的奖金就越多，越能促使较低层级者在该高额薪酬的诱惑下付出更多的努力，提高其工作积极性（Lazear and Rosen，1981；Rosen，1986）。关键下属高管作为在高管团队中仅次于 CEO 的关键高管，他们有能力并且有动机成为未来的 CEO，特别是在薪酬差距的激励下，他们更注重企业的长期价值，更愿意竭尽所能发挥其价值创造能力，这就与股东的利益保持了一致。CEO 为了在锦标赛过程中保全自身职位，则更有动力提高企业业绩，并为企业创造长期价值。那么，在管理者与股东利益协调一致的情况下，管理者的机会主义自利动机减弱，公司代理成本降低，管理者将从股东最大化的目标出发进行投资决策，进而提升了投资效率。CEO 与关键下属高管之间的薪酬差距不仅可以削弱他们进行非效率投资的机会主义动机，还限制了他们进行非效率投资的渠道。如其他重大战略决策一样，投资行为需要管理层集体进行决策，而 CEO 和关键下属高管作为管理层中的核心成员，具有重要的话语权。非效率投资将影响企业未来现金流，损害企业长远价值。基于横向监督理论，这不为有意成为下一任 CEO 的关键下属高管所允许。因此，他们存在监督非效率投资行为的动力，特别是对 CEO 和关键下属高管中其他成员的监督，并且他们具有监督的能力。这样一来，即便管理者存在非效率投资的机会主义动机，在薪酬差距的激励下，关键下属高管提供的横向监督也能阻止非效率投资行为的进行。同样地，CEO与关键下属高管之间的薪酬差距通过发挥锦标赛激励和横向监督的作用降低了盈余管理程度，提高了会计信息质量。企业的盈余管理行为一旦被监管部门发现和查处，上市公司和管理层的声誉均会受损，并且盈余管理会损害企业长期价值。因此，盈余管理行为不能被更加关注企业长期价值的关键下属高管所接受。总之，CEO与关键下属高管之间的薪酬差距通过解决代理问题和信息不对称问题而提高了企业的投资效率。根据上述分析，提出本章假设：

假设：限定其他条件不变，关键高管之间的薪酬差距越大，上市公司的投资效率越高。

5.2 变量定义与模型构建

5.2.1 关键变量定义

（1）关键高管薪酬差距

本书研究的关键高管薪酬差距指的是CEO与关键下属高管之间的薪酬差距，并且，已在第3章对关键下属高管的概念及识别作出界定。借鉴鲁海帆（2007）、张正堂（2007）以及张兴亮和夏成才（2016）等衡量高管团队内部薪酬差距的基本思想，采用如下公式测算关键高管薪酬差距：$GAP = \ln($CEO薪酬 - 关键下属高管薪酬均值$)$，GAP的数值越大，就说明关键高管薪酬差距越大。

（2）投资效率

本书借鉴Richardson（2006）和辛清泉等（2007）的研究经验，将根据模型（5-1）计算出的残差绝对值作为投资效率的替代度量。

$$INV_{i,t+1} = \alpha_0 + \alpha_1 GROWTH_{i,t} + \alpha_2 LEV_{i,t} + \alpha_3 CASH_{i,t} + \alpha_4 AGE_{i,t} + \alpha_5 SIZE_{i,t} + \alpha_6 RET_{i,t} + \alpha_7 INV_{i,t} + Industrydummy + Yeardummy + \varepsilon \quad (5-1)$$

其中，$INV_{i,t+1}$表示公司i在第$t+1$年的投资水平，$GROWTH_{i,t}$表示公司i在第t年的营业收入增长率，$LEV_{i,t}$表示公司i在第t年的资产负债率，$CASH_{i,t}$表示公司i在第t年的现金持有量，$AGE_{i,t}$表示公司i在第t年的上市年限，$SIZE_{i,t}$表示公司i在第t年的总资产规模，$RET_{i,t}$表示公司i在第t年的股票回报率，*Industrydummy* 表示行业虚拟变量，*Yeardummy* 表示年度虚拟变量。投资效率为根据模型（5－1）计算得到的残差绝对值，以$INVEFF_{i,t+1}$表示，$INVEFF_{i,t+1}$值越大，表示公司i在第$t+1$年的投资效率越低。

5.2.2 检验模型构建

针对本章提出的假设，检验关键高管之间的薪酬差距对投资效率的影响，借鉴 Richardson（2006）及辛清泉等（2007）等研究经验，构建模型（5－2）：

$$INVEFF_{i,t} = \alpha_0 + \alpha_1 GAP_{i,t} + \sum \alpha_{j+1} X_{i,t} + \varepsilon_{i,t} \quad (5-2)$$

其中，*INVEFF* 表示投资效率；*GAP* 表示关键高管之间的薪酬差距；*X* 表示控制变量。根据本章提出的假设，模型（5－2）中的系数α_1应该显著为负。

本书参照 Richardson（2006）、辛清泉等（2007）、陈运森和黄健峤（2019）的研究，将公司规模（*SIZE*）、财务杠杆（*LEV*）、现金流量（*OCF*）、投资机会（*TQ*）、成长性（*GROWTH*）、董事会规模（*BSIZE*）、独立董事比例（*INDR*）、管理费用率（*MCOST*）、其他应收款率（*OTREC*）、产权性质（*STATE*）、是否亏损（*LOSS*）作为控制变量。此外，本书还对行业（*INDUSTRY*）和年度（*YEAR*）的影响进行了控制。具体的变量定义如表 5－1 所示。

表 5-1 变量定义

变量类别	变量名称	变量符号	变量定义
被解释变量	投资效率	*INVEFF*	以根据模型（5-1）计算得到的残差绝对值衡量，残值绝对值越大，投资效率越低
解释变量	关键高管薪酬差距	*GAP*	CEO 薪酬与薪酬排名前四的关键下属高管薪酬均值的差额取自然对数
控制变量	公司规模	*SIZE*	期末总资产的自然对数
	财务杠杆	*LEV*	期末总负债除以期末总资产
	现金流量	*OCF*	期末自由现金流量净额除以期末总资产
	投资机会	*TQ*	（年末流通股数×年末股价+年末非流通股数×每股净资产+年末负债总额）/年末总资产
	成长性	*GROWTH*	营业收入的年度变化值除以上年营业收入
	董事会规模	*BSIZE*	董事会成员人数的自然对数
	独立董事比例	*INDR*	董事会中独立董事的比例
	管理费用率	*MCOST*	当期管理费用占营业收入的比率
	其他应收款率	*OTREC*	年末其他应收款占总资产的比率
	产权性质	*STATE*	若实际控制人属于国有性质，则 *STATE* 取值为 1，否则取值为 0
	是否亏损	*LOSS*	当上市公司本年发生亏损时，取值为 1，否则为 0
	行业	*INDUSTRY*	行业虚拟变量
	年度	*YEAR*	年度虚拟变量

5.3 实证分析与结果描述

5.3.1 样本选择

2005年新修订的《公司法》第一百一十七条规定：公司应当定期向股东披露董事、监事、高级管理人员从公司获得报酬的情况。此次修订首次对我国上市公司高管人员的信息、薪酬的明细及总额作出了强制性披露要求。为能完整地获取上市公司高管及其薪酬的详细数据，识别出关键下属高管，进而对CEO与关键下属高管的薪酬差距进行测算，本书选取2006年至2017年我国A股上市公司作为初选样本，并根据研究惯例及本书研究需要剔除以下样本：(1) 金融保险类公司。(2) 被ST或*ST的公司。(3) 高管团队少于5人的公司。(4) CEO与关键下属高管的薪酬差距为零和负值的公司。(5) 关键数据缺失的公司。最终获得11343个样本观测值。上市公司CEO与关键下属高管名单及其薪酬等数据主要来源于CSMAR数据库和Wind数据库，并以借助新浪财经和百度搜索引擎手工收集的相关信息作为补充，其余数据来源于CSMAR数据库或经过手工计算整理而得。本书参照中国证监会《上市公司行业分类指引》进行行业分类，除制造业采取二级行业分类外，其他行业均采取一级行业分类。本书主要运用EXCEL和STATA分析软件进行数据处理和统计分析。为减轻异常值的影响，所有连续变量都在1%和99%的水平上进行了缩尾处理。

5.3.2 描述统计性

表5-2列示了模型（5-2）各变量的描述性统计结果。由该表可知，被解释变量（*INVEFF*）的均值是0.014，中位数是

0.009，标准差是0.016，最小值是0，最大值是0.098，这表明我国上市公司的投资效率之间存在较大差异，且非效率投资现象较为普遍。解释变量（*GAP*）的均值是11.881，中位数是11.847，标准差是1.062，最小值是9.195，最大值是14.684，这说明在中国上市公司中，CEO与关键下属高管之间存在一定的薪酬差距，但是这种薪酬差距在不同公司之间呈现较大差异。

在控制变量方面，公司规模（*SIZE*）的均值是22.022，中位数是21.876；财务杠杆（*LEV*）的均值是0.464，中位数是0.468；现金流量（*OCF*）的均值是0.045，中位数是0.044；投资机会（*TQ*）的均值是2.051，中位数是1.543；成长性（*GROWTH*）的均值是0.437，中位数是0.131；董事会规模（*BSIZE*）的均值是2.172，中位数是2.197；独立董事比例（*INDR*）的均值是0.368，中位数是0.333；管理费用率（*MCOST*）的均值是0.096，中位数是0.077；其他应收款率（*OTREC*）的均值是0.019，中位数是0.009；产权性质（*STATE*）的均值是0.500，中位数是1；是否亏损（*LOSS*）的均值是0.090；中位数是0。对比以往研究可知，本书样本数据的分布较为合理。

表5-2　描述性统计

变量名称	观察值	均值	中位数	标准差	最小值	最大值
INVEFF	11343	0.014	0.009	0.016	0	0.098
GAP	11343	11.881	11.847	1.062	9.195	14.684
SIZE	11343	22.022	21.876	1.205	19.399	25.648
LEV	11343	0.464	0.468	0.209	0.055	1.008
OCF	11343	0.045	0.044	0.074	-0.192	0.257
TQ	11343	2.051	1.543	1.793	0.211	11.039
GROWTH	11343	0.437	0.131	1.320	-0.735	10.163
BSIZE	11343	2.172	2.197	0.197	1.609	2.708

续表

变量名称	观察值	均值	中位数	标准差	最小值	最大值
INDR	11343	0.368	0.333	0.051	0.300	0.571
MCOST	11343	0.096	0.077	0.082	0.009	0.582
OTREC	11343	0.019	0.009	0.030	0	0.197
STATE	11343	0.500	1	0.500	0	1
LOSS	11343	0.090	0	0.286	0	1

5.3.3 相关性分析

表5－3列示的是模型（5－2）中各变量之间的相关系数。根据表5－3可知，解释变量（*GAP*）与被解释变量（*INVEFF*）之间的相关系数是－0.065，且在1%水平上显著。这为关键高管薪酬差距与非效率投资之间的负相关关系提供了初步证据，表明关键高管薪酬差距越大，越能对CEO和关键下属高管进行监督和激励，抑制他们的非效率投资行为，进而提高上市公司的投资效率。在控制变量方面，公司规模（*SIZE*）与被解释变量（*INVEFF*）显著负相关，说明大规模公司的投资效率较高；独立董事比例（*INDR*）与被解释变量（*INVEFF*）负相关但不显著，说明增加独立董事在董事会中的比例，可以提高上市公司的投资效率，但相关作用还需要加强；财务杠杆（*LEV*）、现金流量（*OCF*）、投资机会（*TQ*）、成长性（*GROWTH*）、管理费用率（*MCOST*）、其他应收款率（*OTREC*）、是否亏损（*LOSS*）均与被解释变量（*INVEFF*）显著正相关，说明上市公司财务杠杆、现金流量、投资机会和成长性的增加，一般都伴随着投资效率的下降，管理费用率和其他应收款率较高以及存在亏损的上市公司的投资效率较低；董事会规模（*BSIZE*）和产权性质（*STATE*）与被解释变量（*INVEFF*）正相关但不显著，说明董事会规模较大可能会降低上市公司的投资效率，国有

表 5 – 3　　Pearson 相关系数表

	INVEFF	*GAP*	*SIZE*	*LEV*	*OCF*	*TQ*	*GROWTH*	*BSIZE*	*INDR*	*MCOST*	*OTREC*	*STATE*	*LOSS*
INVEFF	1												
GAP	−0.065***	1											
SIZE	−0.053***	0.245***	1										
LEV	0.016*	−0.075***	0.369***	1									
OCF	0.059***	0.065***	0.011	−0.183***	1								
TQ	0.078***	0.058***	−0.457***	−0.413***	0.137***	1							
GROWTH	0.029***	0.042***	0.038***	0.108***	−0.109***	0.019**	1						
BSIZE	0.009	−0.068***	0.201***	0.135***	0.067***	−0.143***	−0.044***	1					
INDR	−0.010	0.051***	0.070***	−0.001	−0.041***	0.016*	0.027***	−0.439***	1				
MCOST	0.055***	−0.012	−0.334***	−0.218***	−0.080***	0.358***	0.057***	−0.107***	0.015	1			
OTREC	0.033***	−0.070***	−0.075***	0.236***	−0.119***	−0.012	0.064***	0.013	−0.015*	0.122***	1		
STATE	0.006	−0.244***	0.227***	0.257***	0.036***	−0.232***	0.001	0.252***	−0.069***	−0.152***	0.010	1	
LOSS	0.048***	−0.132***	−0.099***	0.209***	−0.161***	−0.004	−0.013	−0.013	0.014	0.206***	0.110***	0.051***	1

注：***、** 和 * 分别表示在 0.01、0.05 和 0.1 的水平上显著。

企业的投资效率低于民营企业，但差异不明显。此外，本书还发现，大多数控制变量与被解释变量（*INVEFF*）的相关系数都在1%的置信水平上显著，这在一定程度上说明本书控制变量的选取具有一定的代表性。另外，各控制变量两两之间的相关系数均小于0.5，这说明模型（5－2）的各变量之间不存在严重的多重共线性问题。

5.3.4 多元回归分析

表5－4列示了模型（5－2）的多元回归结果，由此表可知，根据模型（5－1）计算得到的残差绝对值度量的被解释变量（*INVEFF*）与解释变量（*GAP*）的回归系数在1%水平上显著为负，支持了本章提出的假设。这一结果表明，关键高管薪酬差距越大，也即CEO与关键下属高管之间的薪酬差距越大，一方面能够激励CEO和关键下属高管更注重企业的长期价值，减少其机会主义动机；另一方面，能够促使关键下属高管加强对CEO的监督以及关键下属高管之间的相互监督，进而限制其进行非效率投资的渠道。因此，随着关键下属高管薪酬差距的增加，CEO和关键下属高管的机会主义动机和渠道均得到遏制，进而缓解了上市公司的非效率投资，最终提高了投资效率。在控制变量方面，公司规模（*SIZE*）、财务杠杆（*LEV*）、现金流量（*OCF*）、投资机会（*TQ*）、成长性（*GROWTH*）、管理费用率（*MCOST*）和是否亏损（*LOSS*）的回归系数显著为正，这说明规模较大、财务杠杆较高、现金流量较多、投资机会较广、成长性较强、管理费用率较高以及亏损程度较大的企业，其投资效率较低。然而，董事会规模（*BSIZE*）和产权性质（*STATE*）的回归系数显著为负，这表明，在考虑了其他因素的影响后，董事会规模较大的企业和国有企业的投资效率较高。

表 5－4 主测试的回归结果

变量	*INVEFF*	
	系数	T 值
GAP	－0.000 *** ①	－2.62
SIZE	0.001 ***	2.65
LEV	0.005 ***	4.51
OCF	0.006 **	2.54
TQ	0.001 ***	6.49
GROWTH	0.001 ***	4.25
BSIZE	－0.002 ***	－2.67
INDR	－0.002	－0.45
MCOST	0.009 ***	3.22
OTREC	0.009	1.20
STATE	－0.002 ***	－4.74
LOSS	0.002 **	2.46
Constant	0.010 **	2.26
行业	控制	
年度	控制	
Adj. R^2	0.063	
N	11343	

注：*** 、** 和 * 分别表示在 0.01、0.05 和 0.1 水平上显著，T 值均经过 robust 调整。

5.3.5 进一步分析

（1）关键高管薪酬差距影响投资效率的具体分析：抑制过度投资还是投资不足

前文研究结果表明，关键高管薪酬差距越大，也即，CEO 与关

① 若保留四位小数，*GAP* 的回归系数为－0.0004。

键下属高管之间薪酬差距越大，则上市公司投资效率越高。那么，CEO 与关键下属高管的薪酬差距对投资效率的提升具体表现在哪一方面？是抑制过度投资还是投资不足，抑或是两者兼具？为解答这一问题，本书将根据模型（5－1）计算出的残差 >0 的样本组定义为过度投资组，将残差 <0 的样本组定义为投资不足组，对模型（5－2）进行分组回归，以此分析 CEO 与关键下属高管的薪酬差距影响投资效率的具体表现。

表 5－5 列示了进一步分析（1）的分组回归结果。由该表可知，解释变量 CEO 与关键下属高管的薪酬差距（*GAP*）的回归系数在过度投资组和投资不足组中都为负，但只有在过度投资组中显著。这说明 CEO 与关键下属高管的薪酬差距虽然对企业的过度投资和投资不足均能产生抑制作用，但对过度投资的影响明显更大。可能的解释是，资本投资能够给企业高管带来私人收益，而且企业高管一般具有过度投资的冲动（Jensen，1986；1993），从而控制更多的资源以构建“经理人帝国”（辛清泉等，2007）。那么，关键下属高管在与 CEO 的薪酬差距影响下，更可能关注 CEO 和其他关键下属高管的过度投资行为，以遏制其“帝国建立”，从而增加自身晋升的可能性。

表 5－5　　进一步分析（1）的回归结果

变量	过度投资组		投资不足组	
	系数	T 值	系数	T 值
GAP	－0.001***	－3.232	－0.000①	－1.10
SIZE	0.002***	4.049	－0.000	－0.62
LEV	0.009***	4.047	－0.000	－0.41
OCF	0.010**	2.230	0.005**	2.17
TQ	0.001***	2.625	0.001***	7.62

① 若保留四位小数，*GAP* 在投资不足组的回归系数为－0.0002。

续表

变量	过度投资组		投资不足组	
	系数	T 值	系数	T 值
GROWTH	0.002 ***	4.805	-0.000	-0.25
BSIZE	-0.004 **	-2.377	-0.001	-1.08
INDR	-0.003	-0.434	-0.000	-0.02
MCOST	0.019 ***	2.801	0.005 **	2.06
OTREC	-0.038 ***	-2.969	0.039 ***	5.06
STATE	-0.003 ***	-4.318	-0.001	-1.62
LOSS	-0.002	-1.534	0.004 ***	6.646
Constant	-0.006	-0.690	0.016 ***	3.97
行业	控制		控制	
年度	控制		控制	
Adj. R^2	0.066		0.118	
N	4902		6441	

注：***、** 和 * 分别表示在 0.01、0.05 和 0.1 水平上显著，T 值均经过 robust 调整。

（2）关键高管是否真的“关键”：不同类型薪酬差距对投资效率影响的比较

已有大量文献对薪酬差距展开研究，但主要侧重于整个高管团队，也即聚焦于 CEO 与其他所有高管之间的薪酬差距，还有高管与员工之间的薪酬差距。然而，在企业中并非所有高管均有话语权，权力往往掌握在少数人手中，真正的战略决策通常由 CEO 和担任其他关键岗位的部分高管构成的关键高管作出。根据本章提出的假设，CEO 与关键下属高管之间的薪酬差距能够提高上市公司的投资效率。那么，相比公司高管团队内部的其他人员，关键高管是否真正起到了“关键”作用？换言之，关键高管之间的薪酬差距对投资效率的影响是否明显强于整个高管团队内部的薪酬差距？对此，本书构建模型（5-2）、模型（5-3）、模型（5-4）进行检验。

$$INVEFF_{i,t} = \alpha_0 + \alpha_1 GAP_{i,t} + \sum \alpha_{j+1} X_{i,t} + \varepsilon_{i,t} \quad (5-2)$$

$$INVEFF_{i,t} = \alpha_0 + \alpha_1 TDGAP_{i,t} + \sum \alpha_{j+1} X_{i,t} + \varepsilon_{i,t} \quad (5-3)$$

$$INVEFF_{i,t} = \alpha_0 + \alpha_1 GAP_{i,t} + \alpha_2 TDGAP_{i,t} + \sum \alpha_{j+2} X_{i,t} + \varepsilon_{i,t} \quad (5-4)$$

其中，*INVEFF* 表示投资效率；*GAP* 表示关键高管薪酬差距，也即，CEO 与关键下属高管之间的薪酬差距；*TDGAP* 为高管团队内关键高管与非关键高管之间的薪酬差距，关键高管包括 CEO 及四名关键下属高管，即 *TDGAP* = ln（CEO 及四名关键下属高管的薪酬均值 - 其他高管薪酬均值）；*X* 表示控制变量。

根据表 5 - 6 列示的回归结果可知，模型（5 - 2）中的 *GAP* 和模型（5 - 3）中的 *TDGAP* 的回归系数均为负，但只有模型（5 - 2）中的 *GAP* 的回归系数显著。这表明，关键高管薪酬差距对企业投资效率的影响强于高管团队内关键高管与非关键高管之间的薪酬差距。根据模型（5 - 4）的回归结果，在同一个模型中，*GAP* 的回归系数显著为负，而 *TDGAP* 的回归系数显著为正。这说明，在两者同时存在的情况下，关键高管薪酬差距对企业投资效率的影响得到加强。也进一步证明，对企业战略决策具有举足轻重之作用的关键高管受到薪酬差距这一激励机制的影响更大，进而更可能从企业长远价值层面采取投资决策，因此关键高管薪酬差距能够对提高企业投资效率起到“关键”的作用。

表 5 - 6　　进一步分析（2）的回归结果

变量	模型（5 - 2）		模型（5 - 3）		模型（5 - 4）	
	系数	T 值	系数	T 值	系数	T 值
GAP	-0.000***①	-2.62			-0.001***	-3.00
TDGAP			-0.000②	-0.08	0.000**③	1.98
SIZE	0.001***	2.65	0.001***	2.62	0.001***	2.86

① 若保留四位小数，*GAP* 在模型（5 - 2）中的回归系数为 -0.0004。

② 若保留四位小数，*TDGAP* 在模型（5 - 3）中的回归系数为 -0.0001。

③ 若保留四位小数，*TDGAP* 在模型（5 - 4）中的回归系数为 0.0004。

续表

变量	模型（5-2）		模型（5-3）		模型（5-4）	
	系数	T 值	系数	T 值	系数	T 值
LEV	0.005***	4.51	0.005***	4.26	0.005***	4.21
OCF	0.006**	2.54	0.006**	2.48	0.006**	2.57
TQ	0.001***	6.49	0.001***	6.06	0.001***	6.16
GROWTH	0.001***	4.25	0.001***	4.06	0.001***	4.05
BSIZE	-0.002***	-2.67	-0.002**	-2.455	-0.002**	-2.56
INDR	-0.002	-0.45	-0.005	-1.43	-0.005	-1.46
MCOST	0.009***	3.22	0.009***	2.96	0.009***	2.96
OTREC	0.009	1.20	0.007	0.93	0.008	0.95
STATE	-0.002***	-4.76	-0.001***	-3.78	-0.001***	-4.17
LOSS	0.002**	2.46	0.002***	2.82	0.002***	2.73
Constant	0.010**	2.26	0.006	1.36	0.008*	1.70
行业	控制		控制		控制	
年度	控制		控制		控制	
Adj. R^2	0.063		0.063		0.063	
N	11343		11343		11343	

注：***、** 和 * 分别表示在 0.01、0.05 和 0.1 水平上显著，T 值均经过 robust 调整。

（3）考虑关键下属高管外部薪酬差距的影响

根据本书的理论分析，CEO 与关键下属高管之间的薪酬差距通过锦标赛激励和横向监督对企业投资效率产生了治理效应，关键下属高管在其中发挥了重要作用。然而，作为理性经济人，关键下属高管并非不考虑其行为可能产生的代价与成本，也即 CEO 与关键下属高管之间的薪酬差距对企业投资行为的治理作用的发挥存在一定的约束条件。关键下属高管与同行业其他公司的关键下属高管之间存在薪酬差距便是一个重要条件。这是因为薪酬高于或低于同行产生的薪酬外部优越感或劣势感可能影响相关人员对内部薪酬差距的感知，从而影响其努力程度，使得内部薪酬差距对业绩的效应出现权变的结果（林琳和潘琰，2019）。那么，在关键下属高管的外部薪酬差距的影响下，公司内部关键高管薪酬差距对投资效率的作用将发生何种变化？为解决这一问题，本书将全样本划分为两组：一组是关键下属高管平均薪酬高于行业内关键下属高管平均薪酬的样本；另一组是关键下属高管平均薪酬低于行业内关键下属高管平均薪酬的样本，并对模型（5－2）进行分组回归。

表5－7列示了分组回归的结果。根据回归结果可知，在关键下属高管薪酬高于行业内关键下属高管平均薪酬的样本组中 *GAP* 的回归系数为正，但不显著；在关键下属高管薪酬低于行业内关键下属高管平均薪酬的样本组中 *GAP* 的回归系数显著为负。这说明，在关键下属高管的薪酬低于行业内平均水平时，关键高管薪酬差距对企业投资的治理效应能够得到更好的发挥，也即，更能提高投资效率。这是因为，管理者在面对薪酬差距时，会产生两种基础心理感知——嫉妒和同情。然而，嫉妒心理能够强化薪酬差距的激励作用，同情心理则会弱化薪酬差距的激励作用（Grund and Sliwka，2005）。那么，在自身薪酬低于行业平均薪酬时，关键下属高管产生的相对剥夺感知将激励其更加努力地工作（Krakel，2000；郭心毅等，2010），同时将加强对CEO和其他关键下属高管的监督，进而促使高管团队作出合理的投资决策，最终提高企业投资效率。

表5－7　　进一步分析（3）的回归结果

变量名	高于行业内平均薪酬组		低于行业内平均薪酬组	
	系数	T值	系数	T值
GAP	0.000①	0.16	－0.000*②	－1.68
SIZE	0.000	1.42	0.001***	3.04

① 若保留四位小数，*GAP* 在高于行业内平均薪酬组中的回归系数为0.0001。

② 若保留四位小数，*GAP* 在低于行业内平均薪酬组中的回归系数为－0.0004。

续表

变量名	高于行业内平均薪酬组		低于行业内平均薪酬组	
	系数	T 值	系数	T 值
LEV	0.006***	3.17	0.004***	2.99
OCF	0.009***	2.59	0.005	1.57
TQ	0.000*	1.95	0.001***	6.22
GROWTH	0.001***	3.27	0.001***	3.17
BSIZE	-0.001	-0.39	-0.003***	-2.81
INDR	-0.006	-1.32	0.002	0.35
MCOST	0.012**	2.45	0.008**	2.30
OTREC	-0.009	-0.80	0.016*	1.76
STATE	-0.001***	-2.93	-0.002***	-3.52
LOSS	-0.001	-0.68	0.002***	2.72
Constant	0.007	1.15	0.000	0.06
行业	控制		控制	
年度	控制		控制	
Adj. R^2	0.071		0.060	
N	4117		7226	

注：***、** 和 * 分别表示在 0.01、0.05 和 0.1 水平上显著，T 值均经过 robust 调整。

（4）市场竞争与关键高管薪酬差距的交互效应

市场竞争具有信息揭示和清算威胁两种效应（赵纯祥和张敦力，2013）。信息揭示效应表现在能够加强或替代某些公司治理机制的作用，提升信息披露质量（伊志宏等，2010），有助于投资者对管理层的经营能力和努力程度进行评价，遏制管理层的事前信息和事后隐藏行为，从而缓解信息不对称。清算威胁效应表现为当处于竞争激烈的环境时，公司的经营风险增加，管理层面临更大的业绩压力，其职位安全受到威胁（刘星等，2012），这就促使管理层谨慎投资，努力为企业创造价值。本书认为，市场竞争环境会影响关键高管薪酬差距与投资效率的关系，市场竞争与关键高管薪酬差距之间呈现互补还是替代效应则需要通过实证检验。

借鉴伊志宏等（2010）的研究，采用赫芬达尔指数衡量市场竞争程度，赫芬达尔指数越低说明市场集中程度越低，市场竞争程度越高；赫芬达尔指数越高说明市场集中程度越高，市场竞争程度越低。本书将全样本划分为两组：一组是市场竞争程度低于全样本平均市场竞争程度组，即市场竞争程度较低组；另一组是市场竞争程度高于全样本平均市场竞争程度组，即市场竞争程度较高组，两组分别对模型（5－2）进行回归。

表5－8列示了分组回归的结果。根据回归结果可知，在市场竞争程度较低组中，*GAP*的回归系数显著为负；在市场竞争程度较高组中，*GAP*的回归系数为负，但不显著。这表明，在上市公司所处行业的市场竞争程度较低的情况下，关键高管薪酬差距对投资效率的提升作用更明显，而在市场竞争程度较高时，关键高管薪酬差距对投资效率不存在显著的影响。也就是说，关键高管薪酬差距这一内部激励机制与市场竞争这一外部治理机制之间存在替代效应。

表5－8　　进一步分析（4）的回归结果

变量名	市场竞争程度较低组		市场竞争程度较高组	
	系数	T值	系数	T值
GAP	－0.000**[①]	－2.17	－0.001	－1.57
SIZE	0.001***	4.16	－0.000	－1.03
LEV	0.005***	5.12	0.004*	1.91
OCF	0.003	1.10	0.011***	2.67
TQ	0.001***	8.01	0.000	1.63
GROWTH	0.001***	7.34	0.001***	2.93

① 若保留四位小数，*GAP*在市场竞争程度较低组中的回归系数为－0.0004。

续表

变量名	市场竞争程度较低组		市场竞争程度较高组	
	系数	T值	系数	T值
BSIZE	-0.003***	-3.23	-0.001	-0.40
INDR	-0.003	-0.71	0.001	0.18
MCOST	0.012***	4.44	0.002	0.53
OTREC	0.005	0.71	0.013	1.44
STATE	-0.002***	-4.20	-0.002***	-2.76
LOSS	0.001**	2.28	0.002	1.38
Constant	0.006	1.31	0.028***	3.47
行业	控制		控制	
年度	控制		控制	
Adj. R^2	0.048		0.105	
N	8276		3067	

注：***、**和*分别表示在0.01、0.05和0.1水平上显著，T值均经过robust调整。

（5）关键高管薪酬差距对投资效率之影响的适度性分析

在现有关于薪酬差距的研究中，学者主要从高管团队内部CEO非CEO高管薪酬差距、高管与员工之间的薪酬差距以及高管与行业内其他公司高管之间薪酬差距等三个方面展开研究。但是，以往研究选取不同的研究样本或采用不同的度量指标，探讨的是不同层面的薪酬差距产生的激励效果，所得结论并不全然一致，或支持锦标赛理论，或支持社会比较理论。孔东民等（2017）认为，在高管与员工薪酬差距水平较低的情况下，扩大薪酬差距能够起到明显的激励作用，表明这一阶段锦标赛理论占主导。但是，在薪酬差距水平较高的情况下，扩大薪酬差距却可能产生负面影响，表明社会比较理论在起作用。那么，就本书的研究主题而言，关键高管之间的薪酬差距对企业投资效率的影响将呈现何种规律？锦标赛理论能否持续成立？为解答这一问题，借鉴熊和平等（2018）和杨洁等（2019）的研究经验，本书对模型（5-2）进行分位数回归。

表5-9列示了分位数回归的结果。根据回归结果可知，随着分位数的增加，关键高管薪酬差距（*GAP*）的系数逐渐显著为负，这表明随着关键高管薪酬差距的扩大，其对投资效率的影响愈加显著。也即，扩大关键高管薪酬差距，能够显著提升企业投资效率，且没有出现拐点。一个可能的解释是，目前在我国上市公司中，CEO与关键下属高管虽然在级别上存在差异，但同样作为关键高管，他们之间的薪酬差距并非很大。但是，我国市场经济仍处于飞速发展时期，关键高管作为企业重要发展战略的决策者，其薪酬及晋升均与企业绩效密切相关，而企业绩效的提高更依赖于高管团队成员个人努力程度的提高。因此，CEO与关键下属高管之间的薪酬差距的扩大能够发挥较强的激励作用，关键下属高管薪酬差距对投资效率的影响支持锦标赛理论。

5.3.6 稳健性测试

（1）替换关键高管薪酬差距的度量方式

主测试中本书采用CEO与关键下属高管之间的绝对薪酬差额来度量关键高管薪酬差距，然而不同行业之间的CEO与关键下属高管之间的薪酬差距是存在差异的。具体地，相较于薪酬整体水平更低的行业，薪酬整体水平更高的行业的CEO与关键下属高管薪酬差距的绝对数额更大。为排除这一情况对本书研究结果可能产生的影响，本书将样本公司的关键高管薪酬差距减去行业均值，构建新的关键高管薪酬差距指标 *GAP_IND*，重新对主测试进行回归分析，回归结果如表5-10所示，与主测试的回归结果基本一致。

表 5-9　　进一步分析（5）的回归结果

变量	q0.1		q0.25		q0.5		q0.75		q0.9	
	系数	T 值	系数	T 值	系数	T 值	系数	T 值	系数	T 值
GAP	0.000①	0.63	-0.000②	-0.20	-0.000③	-1.07	-0.000④	-1.30	-0.001***	-2.69
SIZE	0.000	0.02	0.000	0.20	0.000**	2.18	0.000	1.64	0.001	1.18
LEV	-0.000	-0.46	-0.000	-0.55	-0.001	-1.08	0.003**	2.41	0.017***	6.05
OCF	0.000	0.56	0.001	1.23	0.005***	3.54	0.008***	2.61	0.010	1.45
TQ	0.000***	2.74	0.000***	4.09	0.001***	7.42	0.001***	6.54	0.002***	5.41
GROWTH	0.000	1.03	0.000	0.78	0.000	1.15	0.001***	3.33	0.002***	5.75
BSIZE	-0.000	-0.41	0.000	0.02	-0.001	-1.24	-0.001	-0.85	-0.006**	-2.11
INDR	0.001	0.51	0.002	1.44	0.000	0.14	0.004	0.82	-0.001	-0.10
MCOST	0.001*	1.83	0.002**	1.96	0.004***	2.97	0.011***	3.64	0.022***	3.28
OTREC	0.002	1.16	-0.001	-0.19	0.005	1.28	0.010	1.36	0.015	0.88
STATE	-0.000*	-1.72	-0.000**	-2.51	-0.001**	-2.54	-0.002***	-3.97	-0.004***	-3.44
LOSS	0.000*	1.66	0.000	1.49	0.002***	4.07	0.002**	2.34	0.003*	1.95
Constant	0.001	0.92	0.004*	1.88	0.007**	2.41	0.014**	2.35	0.036***	2.75
行业	控制		控制		控制		控制		控制	
年度	控制		控制		控制		控制		控制	
Pseudo. R^2	0.009		0.019		0.038		0.192		0.071	
N	11343		11343		11343		11343		11343	

注：***、** 和 * 分别表示在 0.01、0.05 和 0.1 水平上显著，T 值均经过 robust 调整。

① 若保留五位小数，*GAP* 的回归系数为 0.00001。
② 若保留五位小数，*GAP* 的回归系数为 -0.00002。
③ 若保留四位小数，*GAP* 的回归系数为 -0.0001。
④ 若保留四位小数，*GAP* 的回归系数为 -0.0003。

表 5-10　　稳健性测试（1）的回归结果

变量	*INVEFF*	
	系数	T 值
GAP_IND	-0.000***①	-2.80
SIZE	0.001***	2.96
LEV	0.005***	5.36
OCF	0.006***	2.63
TQ	0.001***	7.76
GROWTH	0.001***	7.29
BSIZE	-0.002***	-2.75
INDR	-0.002	-0.46
MCOST	0.009***	4.18
OTREC	0.009	1.62
STATE	-0.002***	-4.81
LOSS	0.002***	2.76
Constant	0.005	1.21
行业	控制	控制
年度	控制	控制
Adj. R^2	0.063	
N	11343	

注：***、** 和 * 分别表示在 0.01、0.05 和 0.1 水平上显著，T 值均经过 robust 调整。

（2）替换投资效率的度量方式

本书借鉴吕长江和张海平（2011）的研究方法，改变对资本投资水平的计算，重新度量投资效率，再次对回归模型（5-2）进行检验，回归结果如表 5-11 所示。从中可知，关键高管薪酬差距 *GAP* 的回归系数仍然显著为负，与主测试结果保持一致。此外，在

① 若保留四位小数，*GAP_IND* 的回归系数为 -0.0004。

度量投资效率时，本书借鉴的 Richardson（2006）模型忽视了适度投资问题，如果模型回归残差在 0 附近，可能是模型的偏误导致的，为消除这种影响，本书提出，重新对残差离 0 近的两组进行模型（5－2）回归，回归结果如表5－11（2）所示。从中可知，关键高管薪酬差距 *GAP* 的回归系数仍然显著为负，与主测试结果保持一致。

表 5－11　　稳健性测试（2）的回归结果

变量	(1)		(2)	
	系数	T 值	系数	T 值
GAP	-0.000 ***[①]	-2.78	-0.001 ***	-2.95
SIZE	-0.000	-0.36	0.001 ***	3.32
LEV	0.011 ***	10.17	0.006 ***	5.97
OCF	0.006 **	2.39	0.006 **	2.37
TQ	0.001 ***	5.28	0.001 ***	6.75
GROWTH	0.001 ***	7.97	0.001 ***	7.56
BSIZE	-0.003 ***	-2.61	-0.003 ***	-2.63
INDR	-0.002	-0.44	-0.004	-0.95
MCOST	0.014 ***	5.75	0.008 ***	3.46
OTREC	0.010 *	1.68	0.011 *	1.79
STATE	-0.001 ***	-3.91	-0.002 ***	-4.40
LOSS	0.002 ***	3.11	0.001 **	2.14
Constant	0.016 ***	3.43	0.011 **	2.20
行业	控制	控制	控制	控制
年度	控制	控制	控制	控制
Adj. R^2	0.071		0.059	
N	11343		9074	

注：***、** 和 * 分别表示在 0.01、0.05 和 0.1 水平上显著，T 值均经过 robust 调整。

① 若保留四位小数，*GAP* 在稳健性测试（2）中的回归系数为－0.0005。

(3) 解决异方差问题

本书在公司层面与年度层面对模型(5-2)中各变量回归系数的标准误差进行 cluster 处理,用以缓解截面相关及时间序列相关导致的异方差问题,具体回归结果如表 5-12 所示。根据该表可知,在公司和年度层面均进行 cluster 处理后,关键高管薪酬差距的回归系数仍在 1% 水平上显著为负,这表明本书主测试的实证结果比较可靠。

表 5-12　　稳健性测试(3)的回归结果

变量	*INVEFF*	
	系数	T 值
GAP	-0.000 ***[①]	-2.62
SIZE	0.001 ***	2.65
LEV	0.005 ***	4.51
OCF	0.006 **	2.54
TQ	0.001 ***	6.50
GROWTH	0.001 ***	4.25
BSIZE	-0.002 ***	-2.67
INDR	-0.002	-0.45
MCOST	0.009 ***	3.22
OTREC	0.009	1.20
STATE	-0.002 ***	-4.76
LOSS	0.002 **	2.46
Constant	0.010 **	2.26
行业	控制	控制
年度	控制	控制
Adj. R^2	0.063	
N	11343	

注:***、** 和 * 分别表示在 0.01、0.05 和 0.1 水平上显著,T 值均经过 robust 调整。

① 若保留四位小数,*GAP* 在稳健性测试(3)中的回归系数为 -0.0004。

（4）解决内生性问题

本书可能存在因遗漏变量或变量间互为因果而造成的内生性问题，对此，运用工具变量法进行解决。本书选取关键高管薪酬差距的滞后一期（*IV*1）和行业年度均值（*IV*2）作为工具变量，理论上讲，这两个工具变量应该与关键高管薪酬差距强相关而与企业投资效率无关。本书运用两阶段最小二乘法（2SLS）进行回归，并检验了工具变量的相关性和外生性，结果如表5-13所示。根据该表可知，在第一阶段的回归结果中，两个工具变量的回归系数均显著为正，且一阶段F值为487.16，说明工具变量的选择满足相关性要求。此外，工具变量的过度识别检验结果显示P值为0.294，故无法拒绝“所有工具变量均外生”的原假设，意味着本书的两个工具变量均满足外生性要求。在第二阶段的回归结果中，关键高管薪酬差距（*GAP*）的回归系数为-0.001，且在1%的水平上显著，表明在处理了内生性问题后，本书的主要结论仍然成立。

表5-13 稳健性测试（4）的回归结果

变量	第一阶段		第二阶段	
	系数	T值	系数	T值
GAP			-0.001***	-2.30
*IV*1	0.816***	101.88		
*IV*2	0.239***	3.74		
SIZE	0.052	6.44	0.000	1.48
LEV	0.059	1.40	0.004***	3.30
OCF	0.298	3.09	0.008***	3.11
TQ	0.025	4.98	0.001***	4.73
GROWTH	0.010	1.85	0.001***	3.12
BSIZE	-0.047	-1.21	-0.004***	-3.60
INDR	0.074	0.51	-0.002	-0.56
MCOST	0.003	0.03	0.009***	2.70

续表

变量	第一阶段		第二阶段	
	系数	T 值	系数	T 值
OTREC	0.087	0.36	0.019**	2.03
STATE	-0.108	-7.51	-0.001***	-3.65
LOSS	-0.108	-4.53	0.001	1.11
Constant	-1.681	-2.16	0.014***	2.87
行业	控制		控制	
年度	控制		控制	
Adj. R^2	0.750		0.067	
N	7454		7454	
工具变量有效性检验				
第一阶段 F 值 =487.16（p =0.0000）				
过度识别检验 Score chi2（1）=1.102（p =0.294）				

注：***、** 和 * 分别表示在 0.01、0.05 和 0.1 水平上显著，T 值均经过 robust 调整。

本章总结

在企业中，由 CEO 和高管团队中担任其他关键岗位的部分高管构成的关键高管对企业的战略决策起着决定性的作用，企业投资决策作为企业战略决策的重要组成部分，理应受关键高管行为的影响。本章以 2006—2017 年我国 A 股非金融类上市公司为样本，从薪酬差距角度实证检验了关键高管行为对上市公司投资效率的影响。实证结果显示：（1）在其他条件既定的情况下，关键高管薪酬差距，也即CEO与关键下属高管之间的薪酬差距能够激励关键高管从企业长远价值层面作出并执行投资决策。一方面，关键高管薪酬差距加强了关键高管之间的相互监督；另一方面，关键高管薪酬差距促使关键高管更加努力地工作。因此，关键高管薪酬差距越大，上市公司的投资效率越高。(2) 进一步研究发现，关键高管薪酬差距主要是通过抑制过度投资来提升上市公司的投资效率，对投资不足的影响不明显。这是因为企业高管通常具有过度投资的冲动，特别是CEO，很可能通过“经理人帝国”的构建来夯实自身的地位。那么，关键下属高管自然会加强对过度投资的监督，进而提升投资效率。(3) 通过比较关键高管薪酬差距和整个高管团队内部的薪酬差距对投资效率的影响，进一步证实了关键高管对企业投资决策起到了“关键”的作用。(4) 不同条件下，关键高管薪酬差距作用的发挥存在差异。在关键下属高管薪酬低于行业内关键下属高管平均薪酬时，关键高管薪酬差距对投资效率具有显著的提升作用。但是，当关键下属高管薪酬高于行业内关键下属高管平均薪酬时，关键高管薪酬差距对投资效率提升作用不明显。(5) 市场竞争是外部治理机制，关键高管薪酬差距是内部激励机制。当这两种治理机制同时存在时，两者对企业投资效率的影响存在替代效应。也即，当外部市场竞争程度较高时，关键高管薪酬差距不能显著提高企业的投资效率。(6) 我国上市公司关键高管之间的薪酬差距有待提高，关键高管薪酬差距对投资效率的影响支持锦标赛理论。(7) 通过各稳健性测试，包括替换关键高管薪酬差距和投资效率的度量方式，进行cluster处理以缓解截面相关及时间序列相关问题，运用工具变量法解决内生性问题，我们发现本章主测试的结论较为可靠。

第 6 章　关键高管薪酬差距与投资效率之关系的作用机制检验：CEO 变更视角

6.1　理论分析与假设发展

CEO 变更机制的效率是公司治理机制系统有效性的重要影响因素。长期以来，有关 CEO 变更的问题一直都是实务界非常关心的话题，也是学术界研究的重要内容。已有研究指出，不称职的 CEO 继续留在公司被认为是一种最严重的代理问题（Jensen，1993；Shleifer and Vishny，1989）。CEO 变更与企业绩效显著负相关（Coughlan and Schmidt，1985；龚玉池，2001；Jenter and Kanaan，2015），能否及时解聘业绩表现不良的 CEO 是衡量公司治理效率的一个重要因素（Coffee，1999；Volpin，2002），良好的公司治理机制应该能够及时更换业绩表现不佳的 CEO（DeFond and Huang，2004；Lel and Miller，2008）。但是，现实中仍存在业绩较差的 CEO 依然在职而没有被解聘的现象。也就是说，在一些企业中 CEO 是否变更与企业业绩的关系并不密切，也即，CEO 变更的业绩敏感性较低。由于董事会的一个核心职能就是决定聘任或者解聘 CEO，因此以往关于 CEO 变更的研究重心在于董事会对 CEO“自上而下”的纵向监督。然而，目前关于高管机会主义行为导致的公司丑闻仍然层出不穷，这就促使实务界和学术界寻找其他治理机制以弥补传统治理机制的不足。来自高管团队内部的横向监督，不失为提高公司治理水平的新机制。

在企业组织中，委托人需要对代理人进行纵向监督，这是一种“自上而下”的监督。但是，代理人之间也需要进行横向监督，这是一种水平的监督（章元，2003）。虽然纵向监督和横向监督的行为主体不同，但从信息的角度看，它们主要发挥的作用都是收集和处理与代理人有关的信息。委托人对代理人实施纵向监督时需要收集和处理的是与代理人努力程度有关的信息，由于委托人与代理人存在信息不对称，因此信息的收集和处理需要花费高昂的成本。但是，如果代理人之间相互收集和处理相关信息，就存在较大的便利，因为他们相互掌握着更多的私有信息，这样就降低了信息的收集和处理的成本，所以代理人之间的横向监督可以对纵向监督进行有效的补充（任广乾，2014）。当然，要促使代理人之间进行横向监督，还需要一种动力牵引，否则代理人之间就没有实施横向监督的积极性（Kandel and Lazear，1992；Banker and Lee，2001）。关键高管薪酬差距，也即CEO和关键下属高管之间的薪酬差距，则能够通过锦标赛激励，向关键下属高管提供横向监督的动力，以提高CEO变更的业绩敏感性。

CEO和关键下属高管构成高管团队中的“核心圈”（张正堂和李欣，2007；Cheng Qiang等，2016；Park，2017），其中，关键下属高管在整个高管团队中是一种特殊的存在，他们是可能成为继任CEO的具有较高竞争力的潜在候选人，且通常更关注企业的长期价值（Acharya等，2011；Cheng Qiang等，2016）。关键下属高管与CEO之间的薪酬差距能够激发关键下属高管对CEO进行一种“自下而上”的横向监督。锦标赛理论认为，高管就是职位晋级赛中的参赛对手，层级间的薪酬差距则是公司对此次竞赛中晋升至更高层级的获胜者给予的额外奖金，薪酬差距越大，即获胜者的奖金越多，就越能促使较低层级者在该高额薪酬的诱惑下付出更多的努力，提高其工作积极性（Lazear and Rosen，1981）。此外，薪酬不仅代表了物质财富，更象征着个人成功、社会地位、权力甚至尊严（张正堂等，2001）。因此，关键下属高管对晋升 CEO 一职具有强烈的意愿。成功晋升除了可以明显提升薪酬，还将带来在职消费增多、个人权力增大、成就感增强等诸多非货币收益，这些都是关键下属高管在晋升锦标赛中企图获取胜利的强烈诱因。关键下属高管取得锦标赛的胜利就是晋升为 CEO，而前提则是董事会存在更换 CEO 的动机。已有研究表明，CEO 的变更与公司业绩显著负相关（Coughlan and Schmidt，1985；Jenter and Kanaan，2015），那么，在公司业绩较差时，关键下属高管在晋升激励的诱导下很可能增强对 CEO 的横向监督，向董事会提供更多有关 CEO 经营决策行为的真实信息，以提高董事会解聘现任 CEO 的可能性。此外，不同于高管团队中的一般高管，关键下属高管往往能够参与公司的重大决策，因此其相对更有能力搜集和处理与 CEO 相关的经营信息，且花费的成本较低。

综上所述，CEO 和关键下属高管之间的薪酬差距能够激励后者对前者进行高管团队内部的横向监督，促使董事会更换业绩表现低劣的 CEO，以提高自己晋升的概率。根据上述分析，提出本章假设：

假设：限定其他条件不变，关键高管的薪酬差距越大，业绩较差的 CEO 变更的概率越高。

6.2 变量定义与模型构建

6.2.1 关键变量定义

（1）关键高管薪酬差距

本书所研究的关键高管薪酬差距指的是 CEO 与关键下属高管

的薪酬差距，其度量的重点在于关键下属高管的界定。如何界定关键下属高管，详见前文所述。借鉴鲁海帆（2007）、张正堂（2007）以及张兴亮和夏成才（2016）等衡量高管团队间薪酬差距的基本思想，本书采用如下公式测算关键高管薪酬差距：*GAP* = ln(CEO 薪酬 - 关键下属高管薪酬均值)，*GAP* 的数值越大，表明 CEO 与关键下属高管之间的薪酬差距越大。

（2）CEO 变更

本书研究的 CEO 变更是指由于经营不善而导致的 CEO 被迫离职。根据公司治理机制和优胜劣汰的原则，当公司 CEO 由于渎职或者经营不善导致股东利益受损时，其理应离职。借鉴潘越等（2011）和刘星等（2012）的研究，将 CSMAR 数据库中 11 种高管变更的原因划分为非正常变更和正常变更，其中，退休、任期届满、控股权变动、健康原因、完善公司法人治理结构、涉案、结束代理这 7 种为正常变更，非正常工作调动、辞职、解聘、个人原因这 4 种为非正常变更。根据本书的研究内容，如果当年公司的 CEO 发生了非正常变更，则 CEO 变更的替代度量 *CEOTURN* 取值为 1，否则取值为 0。

（3）公司业绩

Engel 等（2003）认为，如果用市场回报衡量企业业绩，就要考虑波动性较大的问题。吴育辉等（2010）研究发现，高管薪酬与股票收益率不相关，与总资产收益率显著正相关。因此，企业在作出高管变更决策时，往往依赖于会计指标。考虑到我国资本市场的现实情况，本书借鉴刘青松和肖星（2015）的研究经验，采用会计指标衡量公司业绩，用总资产收益率（*ROA*）衡量公司业绩 *PERF*。

6.2.2 检验模型构建

针对本章提出的假设，检验关键高管薪酬差距、公司业绩对 CEO 变更的影响，借鉴 Jenter and Kanaan（2015）、马如静和唐雪松（2016）及饶品贵和徐子慧（2017）等研究的经验，构建如下模型（6－1）、模型（6－2）：

$$CEOTURN_{i,t} = \alpha_0 + \alpha_1 PERF_{i,t-1} + \sum \alpha_{j+1} X_{i,t} + \varepsilon_{i,t} \tag{6－1}$$

$$CEOTURN_{i,t} = \alpha_0 + \alpha_1 GAP_{i,t} + \alpha_2 PERF_{i,t-1} \times GAP_{i,t} + \sum \alpha_{j+2} X_{i,t} + \varepsilon_{i,t} \tag{6－2}$$①

其中，*CEOTURN* 表示 CEO 发生了非正常变更；*PERF* 表示公司业绩；*GAP* 表示 CEO 与关键下属高管之间的薪酬差距；*X* 表示控制变量。本书首先构建模型（6－1），用于检验公司业绩对 CEO 非正常变更的影响，根据以往研究，模型（6－1）中的 α_1 应显著为负；构建模型（6－2）用于检验关键高管薪酬差距、公司业绩与 CEO 非正常变更之间的关系，根据本书提出的假设，模型（6－2）中的 α_2 应显著为负。

本书参照 Jenter and Kanaan（2015）、刘青松和肖星（2015）、马如静和唐雪松（2016）及饶品贵和徐子慧（2017）的研究，将公司规模（*SIZE*）、财务杠杆（*LEV*）、现金流量（*OCF*）、现金持有率（*CASH*）、投资机会（*TQ*）、独立董事比例（*INDR*）、产权性质（*STATE*）、股权集中度（*SHRCR*）、是否亏损（*LOSS*）、两职合一（*DUAL*）、CEO 年龄（*CEOOLD*）、CEO 是否在股东单位任职（*CEOCOCURP*）作为控制变量。此外，本书还对行业（*INDUSTRY*）和年度（*YEAR*）的影响进行了控制。具体的变量定义如表 6－1 所示。

表 6－1　　　　变量定义

变量类别	变量名称	变量符号	变量定义
被解释变量	CEO 变更	*CEOTURN*	当发生 CEO 非正常变更时，取值为 1，否则，取值为 0

① 为解决 *PERF* 与 *PERF*×*GAP* 的多重共线性问题，本书模型（6－2）中不放置变量 *PERF*，而是用模型（6－1）单独检验公司业绩对 CEO 非正常变更的影响。

续表

变量类别	变量名称	变量符号	变量定义
解释变量	关键高管薪酬差距	*GAP*	CEO 薪酬与薪酬排名前四的关键下属高管薪酬均值的差额取自然对数
	公司业绩	*PERF*	期末总资产收益率
控制变量	公司规模	*SIZE*	期末总资产的自然对数
	财务杠杆	*LEV*	期末总负债除以期末总资产
	现金流量	*OCF*	期末自由现金流量净额除以期末总资产
	现金持有率	*CASH*	期末货币资金除以期末总资产
	投资机会	*TQ*	(年末流通股数×年末股价 + 年末非流通股数 × 每股净资产 + 年末负债总额）/年末总资产
	独立董事比例	*INDR*	董事会中独立董事的比例
	产权性质	*STATE*	若实际控制人属于国有性质，则取值为 1，否则为 0
	股权集中度	*SHRCR*	第一大股东持股比例
	是否亏损	*LOSS*	当上市公司本年发生亏损时，取值为 1，否则为 0
	两职合一	*DUAL*	若董事长兼任 CEO，则取值为 1 ，否则取值为 0
	CEO 年龄	*CEOOLD*	当年 CEO 年龄的自然对数
	CEO 是否在股东单位任职	*CEOCOCURP*	若 CEO 在股东单位任职，则取值为 1，否则取值为 0
	行业	*INDUSTRY*	行业虚拟变量
	年度	*YEAR*	年度虚拟变量

6.3 实证分析与结果描述

6.3.1 样本选择

2005 年新修订的《公司法》第一百一十七条规定：公司应当定期向股东披露董事、监事、高级管理人员从公司获得报酬的情况。此次修订首次对我国上市公司高管人员的信息、薪酬的明细及总额作出了强制性披露要求。为能完整地获取上市公司高管及其薪酬的详细数据，识别出关键下属高管，进而对 CEO 与关键下属高管的薪酬差距进行测算，本书选取 2006 年至 2017 年我国 A 股上市公司作为初选样本，并根据研究惯例及本书研究需要剔除以下样本：（1）金融保险类公司。（2）被 ST 或 *ST 的公司。（3）高管团队少于 5 人的公司。（4）CEO 与关键下属高管的薪酬差距为零和负值的公司。（5）关键数据缺失的公司。最终获得 13193 个样本观测值。上市公司 CEO 与关键下属高管名单及其薪酬等数据主要来源于 CSMAR 数据库和 Wind 数据库，并以借助新浪财经和百度搜索引擎手工收集的相关信息作为补充，其余数据来源于 CSMAR 数据库或经过手工计算整理而得。本书参照中国证监会《上市公司行业分类指引》进行行业分类，除制造业采取二级行业分类外，其他行业均采取一级行业分类。本书主要运用 EXCEL 和 STATA 分析软件进行数据处理和统计分析。为减轻异常值的影响，所有连续变量都在 1% 和 99% 的水平上进行了缩尾处理。

6.3.2 描述统计性

表 6 - 2 列示了模型（6 - 1）和模型（6 - 2）中各变量的描述性统计结果。由该表可知，被解释变量 CEO 变更（*CEOTURN*）的

均值是0.060，中位数是0，标准差是0.238，最小值是0，最大值是1，这说明，在样本区间内我国总体上有6%的上市公司发生了CEO非正常变更，且上市公司之间存在一定差异。解释变量关键高管薪酬差距（*GAP*）的均值是11.907，中位数是11.866，标准差是1.065，最小值是9.210，最大值是14.728，这说明在中国上市公司中，CEO与关键下属高管之间存在一定的薪酬差距，但是这种薪酬差距在不同公司之间呈现较大差异。解释变量公司业绩（*PERF*）的均值是0.042，中位数是0.039，标准差是0.055，最小值是-0.197，最大值是0.209，这说明我国上市公司平均的总资产利润率是4.2%，但是不同上市公司之间的总资产利润率存在较大的差异。

在控制变量方面，公司规模（*SIZE*）的均值是21.997，中位数是21.814；财务杠杆（*LEV*）的均值是0.454，中位数是0.456；现金流量（*OCF*）的均值是0.043，中位数是0.044；现金持有率（*CASH*）的均值是0.184，中位数是0.145；投资机会（*TQ*）的均值是2.159，中位数是1.617；独立董事比例（*INDR*）的均值是0.369，中位数是0.333；产权性质（*STATE*）的均值是0.469，中位数是0；股权集中度（*SHRCR*）的均值是0.350，中位数是0.331；是否亏损（*LOSS*）的均值是0.084，中位数是0；两职合一（*DUAL*）的均值是0.241，中位数是0；CEO年龄（*CEOOLD*）的均值是3.881，中位数是3.892；CEO是否在股东单位任职（*CEOCOCURP*）的均值是0.248，中位数是0。对比以往研究可知，本书样本数据的分布较为合理。

表6-2　　描述性统计

变量名称	观察值	均值	中位数	标准差	最小值	最大值
CEOTURN	13193	0.060	0	0.238	0	1
GAP	13193	11.907	11.866	1.065	9.210	14.728

续表

变量名称	观察值	均值	中位数	标准差	最小值	最大值
PERF	13193	0.042	0.039	0.055	-0.197	0.209
SIZE	13193	21.997	21.814	1.289	19.401	26.472
LEV	13193	0.454	0.456	0.216	0.047	0.979
OCF	13193	0.043	0.044	0.076	-0.196	0.263
CASH	13193	0.184	0.145	0.137	0.005	0.723
TQ	13193	2.159	1.617	1.900	0.182	11.388
INDR	13193	0.369	0.333	0.051	0.300	0.571
STATE	13193	0.469	0	0.499	0	1
SHRCR	13193	0.350	0.331	14.955	0.085	0.743
LOSS	13193	0.084	0	0.277	0	1
DUAL	13193	0.241	0	0.428	0	1
CEOOLD	13193	3.881	3.892	0.130	3.526	4.174
CEOCOCURP	13193	0.248	0	0.432	0	1

6.3.3 相关性分析

表6-3（Spearman相关系数表）列示的是模型（6-1）和模型（6-2）中各变量之间的相关系数。根据表6-3可知，解释变量关键高管薪酬差距（*GAP*）与被解释变量CEO变更（*CEOTURN*）之间的相关系数是-0.020，且在5%水平上显著。这表明，关键高管薪酬差距与CEO变更之间整体上呈现的是负相关关系，也就是说一定程度上关键高管薪酬差距越大，CEO非正常变更的可能性越小。另外，解释变量公司业绩（*PERF*）与被解释变量CEO变更（*CEOTURN*）之间的相关系数是-0.060，且在1%水平上显著。这表明，公司业绩与CEO变更之间整体上呈现负相关关系，也即公司业绩越差，CEO非正常变更的可能性越大。在控制变量方面，公司规模（*SIZE*）与被解释变量CEO变更（*CEOTURN*）

表 6-3　　Spearman 相关系数表

	CEOTURN	GAP	PERF	SIZE	LEV	OCF	CASH	TQ	INDR	STATE	SHRCR	LOSS	DUAL	CEOOLD	CEOCOCURP
CEOTURN	1														
GAP	-0.020 **	1													
PERF	-0.060 ***	0.202 ***	1												
SIZE	0.009	0.229 ***	-0.054 ***	1											
LEV	0.057 ***	-0.047 ***	-0.460 ***	0.437 ***	1										
OCF	-0.011	0.064 ***	0.257 ***	0.013	-0.163 ***	1									
CASH	-0.020 **	0.091 ***	0.306 ***	-0.175 ***	-0.358 ***	0.113 ***	1								
TQ	-0.011	0.054 ***	0.344 ***	-0.567 ***	-0.584 ***	0.140 ***	0.261 ***	1							
INDR	-0.003	0.047 ***	-0.018 **	0.037 ***	-0.005	-0.035 ***	0.020 **	0.016 *	1						
STATE	0.024 ***	-0.234 ***	-0.183 ***	0.264 ***	0.289 ***	0.044 ***	-0.147 ***	-0.314 ***	-0.064 ***	1					
SHRCR	0.015 *	-0.089 ***	0.112 ***	0.158 ***	0.034 ***	0.073 ***	0.013	-0.090 ***	0.023 ***	0.211 ***	1				
LOSS	0.035 ***	-0.123 ***	-0.287 ***	-0.092 ***	0.188 ***	-0.155 ***	-0.157 ***	-0.046 ***	0.019 ***	0.054 ***	-0.076 ***	1			
DUAL	-0.026 ***	0.129 ***	0.086 ***	-0.160 ***	-0.144 ***	-0.020 ***	0.092 ***	0.168 ***	0.084 ***	-0.295 ***	-0.062 ***	-0.016 ***	1		
CEOOLD	-0.061 ***	0.106 ***	0.009 ***	0.142 ***	-0.005	0.043 ***	-0.035 ***	-0.048 ***	0.019 ***	0.061 ***	0.025 ***	-0.012	0.161 ***	1	
CEOCOCURP	-0.037 ***	0.067 ***	0.039 ***	0.060 ***	0.002 ***	0.025 ***	0.009	-0.017 **	0.005	-0.080 ***	0.112 ***	-0.033 ***	0.192 ***	0.091 ***	1

注：***、** 和 * 分别表示在 0.01、0.05 和 0.1 的水平上显著。

正相关但不显著，说明大规模的公司发生 CEO 非正常变更的概率稍高，但与相对较小规模的公司比，没有显著差异；财务杠杆（*LEV*）、产权性质（*STATE*）、股权集中度（*SHRCR*）及是否亏损（*LOSS*）与被解释变量 CEO 变更（*CEOTURN*）显著正相关，说明在财务杠杆较高企业、国有企业、第一大股东持股比例较高的企业以及亏损的企业中，CEO 发生非正常变更的概率显著更大；现金流量（*OCF*）、投资机会（*TQ*）、独立董事比例（*INDR*）与被解释变量 CEO 变更（*CEOTURN*）负相关但不显著，说明在自由现金流量较高、投资机会较多、独立董事比例较高的企业中，CEO 发生非正常变更的可能性较小，但这些因素未能起到决定性作用；现金持有率（*CASH*）、两职合一（*DUAL*）、CEO 年龄（*CEOOLD*）及 CEO 是否在股东单位任职（*CEOCOCURP*）与被解释变量 CEO 变更（*CEOTURN*）显著负相关，说明在现金持有率较高、两职合一、CEO 年龄较大以及 CEO 在股东单位任职的企业中，CEO 不太可能发生非正常变更。此外，本书还发现，大多数控制变量与被解释变量 CEO 变更（*CEOTURN*）的相关系数都在 1% 的置信水平上显著，这在一定程度上说明本书控制变量的选取具有一定的代表性。另外，各控制变量两两之间的相关系数均小于 0.5，这说明模型（6 - 1）和模型（6 - 2）的各变量之间不存在严重的多重共线性问题。

6.3.4 多元回归分析

表 6 - 4（主测试的回归结果）列示了模型（6 - 1）和模型（6 - 2）的多元回归结果，由此表可知，在模型（6 - 1）中，解释变量公司业绩（*PERF*）与被解释变量 CEO 变更（*CEOTURN*）之间的回归系数是 - 0.318，且在 1% 水平上显著。这说明公司业绩越差，CEO 发生非正常变更的概率越大，此结果与以往的研究结论保持一致。在模型（6 - 2）中，解释变量关键高管薪酬差距（*GAP*）

与被解释变量 CEO 变更（*CEOTURN*）的回归系数为正，但不显著。这说明关键高管薪酬差距能够增加 CEO 发生非正常变更的可能性，但没有明显的影响。然而，公司业绩（*PERF*）与关键高管薪酬差距（*GAP*）的交乘项 *PERF* × *GAP* 对被解释变量 CEO 变更（*CEOTURN*）的回归系数是 -0.027，且在 1% 水平上显著。这表明，当公司业绩较差时，关键高管薪酬差距对 CEO 非正常变更的影响得到加强，也即，若公司业绩较差，关键高管薪酬差距能够显著增加 CEO 非正常变更的概率。在控制变量方面，公司规模（*SIZE*）、财务杠杆（*LEV*）、投资机会（*TQ*）和股权集中度（*SHRCR*）的回归系数显著为正，这说明，在控制其他因素后，公司规模较大、财务杠杆较多、投资机会较广和股权集中度较高的企业，发生 CEO 非正常变更的可能性更大。然而，CEO 年龄（*CEOOLD*）和 CEO 是否在股东单位任职（*CEOCOCURP*）的回归系数显著为负，这表明，在考虑其他因素后，CEO 年龄越大的公司和 CEO 在股东单位任职的公司，发生 CEO 非正常变更的可能性越小。

表 6-4　　主测试的回归结果

变量	模型（6-1）		模型（6-2）	
	系数	Z 值	系数	Z 值
PERF	-0.318***	-6.32		
GAP			0.002	0.44
PERF × *GAP*			-0.027***	-6.30
SIZE	0.100**	2.40	0.098**	2.29
LEV	0.617***	2.62	0.629***	2.68
OCF	0.194	0.39	0.203	0.40
CASH	0.061	0.19	0.059	0.18
TQ	0.110***	4.81	0.111***	4.80
INDR	-0.009	-0.01	-0.013	-0.02

续表

变量	模型（6－1）		模型（6－2）	
	系数	Z值	系数	Z值
STATE	－0.001	－0.01	0.002	0.03
SHRCR	0.008***	3.20	0.008***	3.18
LOSS	0.188	1.49	0.193	1.53
DUAL	0.013	0.13	0.014	0.14
CEOOLD	－1.868***	－6.24	－1.866***	－6.23
CEOCOCURP	－0.325***	－3.33	－0.325***	－3.33
Constant	1.492	1.06	1.325	0.93
行业	控制		控制	
年度	控制		控制	
Pseudo. R^2	0.040		0.040	
N	13193		13193	

注：***、**和*分别表示在0.01、0.05和0.1水平上显著，Z值均经过robust调整。

6.3.5 进一步分析

（1）考虑关键下属高管监督能力的差异

在关键高管薪酬差距的激励下，关键下属高管存在对CEO进行横向监督的动机，但是监督效果还与关键下属高管的监督能力有关。在现代公司治理结构中，董事会有直接监督CEO的权力，它负责CEO的选拔、任命、考核与解聘。那么，如果关键下属高管中有董事会成员，则关键下属高管对CEO的监督能力和意愿均有所增强，监督成本亦有所降低。因此，关键下属高管中董事会成员的存在可以增强关键高管薪酬差距对业绩较差CEO之变更的正向影响。为对此进行检验，本书按照关键下属高管中是否存在董事会成员将全样本划分为两组：一组是关键下属高管中存在董事会成员组；另一组是关键下属高管中不存在董事会成员组，并分别对模型

(6-2) 进行回归。

表6-5列示了分组回归的结果。根据回归结果可知，在关键下属高管中存在董事会成员的样本组，关键高管薪酬差距（*GAP*）的回归系数显著为正，这说明，当关键下属高管进入董事会后，可以增强对CEO的监督能力，提高CEO变更的概率。公司业绩（*PERF*）与关键高管薪酬差距（*GAP*）的交乘项 *PERF* × *GAP* 的回归系数显著为负，这说明，当关键下属高管进入董事会后，在关键高管薪酬差距的激励下，关键下属高管可能更有效地监督CEO，对于业绩较差的CEO，发生变更的概率增加。然而，在关键下属高管中不存在董事会成员的样本组，关键高管薪酬差距（*GAP*）的回归系数显著为负，这说明，如果关键下属高管不在董事会中，关键高管薪酬差距对CEO变更将产生反向影响，公司业绩（*PERF*）与关键高管薪酬差距（*GAP*）的交乘项 *PERF* × *GAP* 的回归系数虽然为负，但此时业绩的影响已经减弱。综上可知，如果关键下属高管中存在董事会成员，那么关键下属高管的监督能力增强，并且在其与CEO薪酬差距的激励下，更有可能促使董事会更换业绩较差的CEO。

表6-5　　进一步分析（1）的回归结果

变量	关键下属高管中存在董事会成员组		关键下属高管中不存在董事会成员组	
	系数	Z值	系数	Z值
GAP	0.006**	2.20	-0.013***	-2.68
PERF × *GAP*	-0.028***	-6.35	-0.020**	-2.39
SIZE	0.003	0.95	0.015***	2.77
LEV	0.041***	2.60	0.037	1.22
OCF	-0.007	-0.21	0.112*	1.79
CASH	0.013	0.62	0.018	0.45

续表

变量	关键下属高管中存在董事会成员组		关键下属高管中不存在董事会成员组	
	系数	Z 值	系数	Z 值
TQ	0.007***	4.14	0.012***	3.50
INDR	0.002	0.05	-0.054	-0.66
STATE	-0.000	-0.06	0.001	0.11
SHRCR	0.000***	2.64	0.001*	1.75
LOSS	0.017*	1.81	-0.002	-0.10
DUAL	-0.004	-0.77	0.044***	2.82
CEOOLD	-0.095***	-5.08	-0.144***	-3.61
CEOCOCURP	-0.018***	-3.36	-0.010	-0.89
Constant	0.262***	2.82	0.415**	2.28
行业	控制		控制	
年度	控制		控制	
Pseudo. R^2	0.016		0.020	
N	10203		2990	

注：***、** 和 * 分别表示在 0.01、0.05 和 0.1 水平上显著，Z 值均经过 robust 调整。

（2）考虑经济政策不确定性的影响

一直以来，经济政策不确定性对政治体系、宏观经济运行以及企业行为造成了重大影响。高管变更决策也与企业外部的经济政策环境密切相关。当经济政策不确定性较高时，变更高管能够给企业带来潜在的收益。这是因为股东与高管之间存在代理冲突，但这可以通过解雇不称职的高管而缓解，最终使企业的运行更加有效（Huson 等，2004；方铁强等，2007）。然而，当经济政策不确定性较高时，企业作出的高管变更决策也存在一定的成本与风险。企业的发展离不开社会资本，但是社会资本一般都掌握在高管个人手中，变更高管的结果可能使企业社会资本丧失，还可能使企业整体组织结构的明显变动。相比较而言，在经济政策不确定性较高的情况下，变更高管带来的成本可能高于收益。因此，企业一般会采用风险对冲的策略（LaFond and Watts，2008），降低高管变更的概率（饶品贵和徐子慧，2017）。此外，在经济政策不确定性高的情况下，CEO很可能以外部环境较差为由，为自己任职期间较差的公司业绩进行辩护。那么，在经济政策不确定性较高的情况下，关键高管薪酬差距对更换业绩低劣的CEO的正向影响是加强还是减弱？为此，本书参照饶品贵和徐子慧（2017）的研究，以Baker等（2013）开发编制的中国经济政策不确定性指数作为度量经济政策不确定性的指标，并将全样本划分为经济政策不确定性较高和较低两组，分别对模型（6－2）进行回归，根据回归结果对上述问题进行解答。

表6－6列示了分组回归的结果。根据回归结果可知，在经济政策不确定性较高样本组中，公司业绩（*PERF*）与关键高管薪酬差距（*GAP*）的交乘项 *PERF*×*GAP* 的回归系数为负，但只在10%水平上显著，而在经济政策不确定性较低样本组中，公司业绩（*PERF*）与关键高管薪酬差距（*GAP*）的交乘项 *PERF*×*GAP* 的回归系数在1%水平上显著为负，并且此时的系数是 *PERF*×*GAP* 在经济政策不确定性较高样本组中的回归系数的近两倍。这表明，在经济政策不确定性较高时，CEO很可能以此为说辞，为自己任职期间的低劣业绩找到一个"天然"的借口。此时，关键高管薪酬差距对更换业绩较差CEO的正向影响就会受到削弱。

表6－6　　进一步分析（2）的回归结果

变量	经济政策不确定性较高组		经济政策不确定性较低组	
	系数	Z值	系数	Z值
GAP	0.001	0.36	0.003	0.68
PERF×*GAP*	－0.020*	－1.81	－0.035***	－5.62
SIZE	0.005	1.52	0.007	1.63

续表

变量	经济政策不确定性较高组		经济政策不确定性较低组	
	系数	Z 值	系数	Z 值
LEV	0.042**	2.46	0.037	1.61
OCF	0.071*	1.94	-0.062	-1.26
CASH	0.005	0.26	0.007	0.22
TQ	0.010***	4.93	0.007***	2.93
INDR	0.030	0.61	-0.053	-0.74
STATE	0.003	0.40	-0.005	-0.66
SHRCR	0.001***	2.99	0.000	1.62
LOSS	0.011	1.06	0.013	0.99
DUAL	-0.003	-0.55	0.010	1.05
CEOOLD	-0.097***	-4.66	-0.121***	-4.31
CEOCOCURP	-0.009	-1.41	-0.028***	-3.35
Constant	0.253**	2.46	0.325**	2.37
行业	控制		控制	
年度	控制		控制	
Pseudo. R^2	0.011		0.018	
N	7605		5588	

注：***、** 和 * 分别表示在 0.01、0.05 和 0.1 水平上显著，Z 值均经过 robust 调整。

(3) 横向监督与纵向监督的交互效应

在公司中，董事会对 CEO 的监督属于纵向监督，而在管理层内部，关键下属高管对 CEO 的监督相对于董事会对 CEO 的监督则属于横向监督。代理人之间的横向监督与董事会的纵向监督是公司治理中的两种相互补充的监督机制（任广乾，2014）。那么，在关键高管薪酬差距的激励作用下，关键下属高管对 CEO 的横向监督能否与董事会对 CEO 的纵向监督之间有效发挥互补效应？为对这一问题进行解答，本书借鉴张俊生和曾亚敏（2005）的研究经验，用董事会会议次数度量董事会对 CEO 纵向监督的效率，并按照董事会会议次数是否高于样本均值，将全样本划分为董事会纵向监督效率较高组和董事会纵向监督效率较低组，分别对模型（6 -2）进行回归，根据回归结果对上述问题进行解答。

表 6 -7 列示了分组回归的结果。根据回归结果可知，在董事会纵向监督效率较高的样本组中，公司业绩（*PERF*）与关键高管薪酬差距（*GAP*）的交乘项 *PERF* × *GAP* 的回归系数在 1% 水平上显著为负。然而，在董事会纵向监督效率较低的样本组中，公司业绩（*PERF*）与关键高管薪酬差距（*GAP*）的交乘项 *PERF* × *GAP* 的回归系数仅在 10% 水平上显著为负且系数小于前者。这说明，董事会对 CEO 进行有效的纵向监督，可以促使关键下属高管从意愿和渠道两个方面，增强在关键高管薪酬差距的激励下产生的对 CEO 的横向监督，具体的监督效果就反映在增加了业绩较差的 CEO 被更换的概率上。因此，董事会对 CEO 的纵向监督与关键下属高管对 CEO 的横向监督之间的交互效应是一种互补效应。

表 6 -7　　进一步分析（3）的回归结果

变量	董事会纵向监督效率较高组		董事会纵向监督效率较低组	
	系数	Z 值	系数	Z 值
GAP	0. 001	0. 33	0. 001	0. 44
PERF × *GAP*	-0. 033 ***	-5. 22	-0. 021 *	-1. 81
SIZE	0. 004	0. 92	0. 006 **	1. 98
LEV	0. 049 **	2. 10	0. 024	1. 37
OCF	0. 062	1. 30	-0. 002	-0. 06
CASH	-0. 016	-0. 50	0. 021	0. 98
TQ	0. 008 ***	3. 11	0. 008 ***	4. 23

续表

变量	董事会纵向监督效率较高组		董事会纵向监督效率较低组	
	系数	Z 值	系数	Z 值
INDR	-0.027	-0.40	0.012	0.23
STATE	-0.004	-0.53	0.003	0.43
SHRCR	0.001***	3.21	0.000*	1.72
LOSS	0.017	1.25	0.013	1.28
DUAL	-0.002	-0.26	0.005	0.76
CEOOLD	-0.100***	-3.58	-0.110***	-5.20
CEOCOCURP	-0.033***	-4.00	-0.004	-0.72
Constant	0.357***	2.64	0.255**	2.48
行业	控制		控制	
年度	控制		控制	
Pseudo. R^2	0.019		0.012	
N	5601		7592	

注：***、** 和 * 分别表示在 0.01、0.05 和 0.1 水平上显著，Z 值均经过 robust 调整。

6.3.6 稳健性测试

（1）替换关键高管薪酬差距的度量方式

主测试中本书采用 CEO 与关键下属高管之间的绝对薪酬差额来度量关键高管薪酬差距，然而不同行业之间的 CEO 与关键下属高管之间的薪酬差距是存在差异的。具体地，相较于薪酬整体水平更低的行业，薪酬整体水平更高的行业的 CEO 与关键下属高管薪酬差距的绝对数额更大。为排除这一情况对本书研究结果可能产生的影响，本书将样本公司的关键高管薪酬差距均减去行业均值，构建新的关键高管薪酬差距指标 *GAP_IND*，重新对模型（6－2）进行回归分析，回归结果如表 6－8 所示，与主测试的回归结果基本一致。

表 6-8　　　　稳健性测试（1）的回归结果

变量	*CEOTURN*	
	系数	Z 值
GAP_IND	0.002	0.70
PERF × *GAP_IND*	-0.028 *	-1.82
SIZE	0.002	0.63
LEV	0.068 ***	5.15
OCF	-0.006	-0.19
CASH	-0.001	-0.04
TQ	0.006 ***	4.14
INDR	0.008	0.19
STATE	0.001	0.19
SHRCR	0.000 ***	2.70
LOSS	0.018 **	2.25
DUAL	0.002	0.29
CEOOLD	-0.107 ***	-6.32
CEOCOCURP	-0.017 ***	-3.49
Constant	0.383 ***	4.69
行业	控制	
年度	控制	
Pseudo. R^2	0.012	
N	13193	

注：***、** 和 * 分别表示在 0.01、0.05 和 0.1 水平上显著，Z 值均经过 robust 调整。

（2）替换公司业绩的度量方式

在主测试中本书使用总资产收益率（*ROA*）度量公司业绩，借鉴刘青松和肖星（2015）的研究经验，用净资产收益率（*ROE*）替代总资产收益率（*ROA*），设定新的公司业绩指标 *PERF_E*，并对模型（6-2）进行再次回归，回归结果如表 6-9 所示，与主测试的回归结果基本一致。

表 6-9　　　　稳健性测试（2）的回归结果

变量	*CEOTURN*	
	系数	Z 值
GAP	0.001	0.45
PERF_E × *GAP*	-0.010***	-6.15
SIZE	0.005*	1.93
LEV	0.059***	4.43
OCF	0.007	0.24
CASH	0.005	0.30
TQ	0.007***	5.04
INDR	-0.000	-0.00
STATE	-0.001	-0.13
SHRCR	0.000***	3.03
LOSS	0.012	1.52
DUAL	0.002	0.30
CEOOLD	-0.106***	-6.27
CEOCOCURP	-0.017***	-3.37
Constant	0.303***	3.70
行业	控制	
年度	控制	
Pseudo. R^2	0.015	
N	13193	

注：***、** 和 * 分别表示在 0.01、0.05 和 0.1 水平上显著，Z 值均经过 robust 调整。

（3）解决异方差问题

本书在公司层面与年度层面对模型（6-2）中各变量回归系数的标准误差进行 cluster 处理，用以缓解截面相关及时间序列相关导致的异方差问题，具体回归结果如表 6-10 所示。根据该表可知，在公司和年度层面均进行 cluster 处理后，公司业绩（*PERF*）与关键高管薪酬差距（*GAP*）的交乘项 *PERF* × *GAP* 的回归系数仍在 1% 水平上显著为负，这表明本书主测试的实证结果比较可靠。

表 6 - 10　　　　稳健性测试（3）的回归结果

变量	*CEOTURN*	
	系数	Z 值
GAP	0.002	0.64
PERF × *GAP*	-0.027***	-5.59
SIZE	0.006**	2.17
LEV	0.039***	2.65
OCF	0.020	0.63
CASH	0.009	0.51
TQ	0.008***	4.50
INDR	-0.004	-0.09
STATE	-0.001	-0.25
SHRCR	0.000***	3.05
LOSS	0.013	1.48
DUAL	0.002	0.38
CEOOLD	-0.106***	-5.95
CEOCOCURP	-0.017***	-3.70
Constant	0.291***	3.40
行业	控制	
年度	控制	
Pseudo. R^2	0.016	
N	13193	

注：***、** 和 * 分别表示在 0.01、0.05 和 0.1 水平上显著，Z 值均经过 robust 调整。

（4）解决内生性问题

本书可能存在因遗漏变量导致的内生性问题，即可能存在公司层面的其他因素对本书结果产生影响，但因没有观测到而未在回归模型中加以控制，对此本书使用固定效应模型进行解决。根据表 6 - 11 所示，在对模型（6 - 2）加入固定效应后，公司业绩（*PERF*）

与关键高管薪酬差距（*GAP*）的交乘项 *PERF* × *GAP* 的回归系数仍显著为负，这表明本书主测试的实证结果没有受到内生性问题的干扰。

表 6 – 11　　　　稳健性测试（4）的回归结果

变量	*CEOTURN*	
	系数	Z 值
GAP	0.016	1.82
PERF × *GAP*	–0.029***	–5.92
SIZE	0.030***	4.48
LEV	–0.021	–0.82
OCF	0.020	0.53
CASH	0.020	0.75
TQ	0.006***	2.58
INDR	0.050	0.70
STATE	–0.012	–0.70
SHRCR	0.000	0.78
LOSS	0.010	1.09
DUAL	0.017*	1.82
CEOOLD	–0.113***	–3.87
CEOCOCURP	–0.035***	–4.00
Constant	–0.080	–0.42
年度	控制	
Pseudo. R^2	–0.243	
N	13193	

注：***、** 和 * 分别表示在 0.01、0.05 和 0.1 水平上显著，Z 值均经过 robust 调整。

本章总结

在第 5 章中，本书对关键高管薪酬差距如何影响企业投资效率进行了理论分析和实证检验。已有研究表明，代理问题是企业投资低效的原因之一，本章则从 CEO 变更的角度检验关键高管薪酬差距如何通过缓解代理问题，进而提高企业投资效率。具体地，本章以 2006 年至 2017 年我国 A 股非金融类上市公司为样本，考察关键高管薪酬差距对更换业绩低劣 CEO 的影响。实证结果显示：(1) 在其他条件既定的情况下，公司业绩越差，CEO 发生变更的可能性越大，关键高管薪酬差距对 CEO 变更具有推进作用，但是作用不明显。然而，公司业绩与关键高管薪酬差距的交乘项与 CEO 变更显著负相关。即当公司业绩较差时，在薪酬差距的激励下，关键下属高管对 CEO 的监督作用能够得到更有效的发挥，更可能促使业绩低劣的 CEO 被更换。(2) 进一步研究发现，关键下属高管对 CEO 的监督作用，不仅受其监督意愿的影响，还受其监督能力的影响。当关键下属高管中存在董事会成员时，关键下属高管在董事会层面就具有一定的话语权。在与 CEO 之间薪酬差距的激励下，关键下属高管就更有能力监督 CEO，当 CEO 任职期间的经营业绩较差时，CEO 被更换的概率就更大。(3) 然而，CEO 也会为自己任职期间较差的经营业绩进行辩护，外部环境的影响则是 CEO 可能寻求的一个理由。在经济政策不确定性较高时，关键高管薪酬差距对更换业绩低劣的 CEO 发挥的作用较弱就证实了这一点。(4) 在公司中，董事会对 CEO 的纵向监督和关键下属高管对 CEO 的横向监督同时存在，这两种监督模式相辅相成。董事会对 CEO 有效的纵向监督可以促进关键下属高管对 CEO 监督作用的发挥。(5) 通过各稳健性测试，包括替换关键高管薪酬差距和公司业绩的度量方式，进行 cluster 处理以缓解截面相关及时间序列相关问题，运用固定效应模型解决内生性问题，我们发现本章主测试的结论较为可靠。

第7章　关键高管薪酬差距与投资效率之关系的作用机制检验：盈余管理视角

7.1　理论分析与假设发展

企业盈余管理行为导致财务报告质量下降，进而导致投资者的利益受损，最终导致资本市场不能健康发展。因此，盈余管理已经成为资本市场研究中的重要议题。已有文献主要从盈余管理的动机、方式和经济后果等方面进行了深入研究，其中，在盈余管理动机方面取得了丰硕的研究成果。薪酬契约是影响盈余管理的一个重要方面。Watts and Zimmerman（1978）发现盈余管理能够为管理者调整和控制自身的薪酬提供空间。Healy（1985）发现管理者在选取核算方式以及报告盈余时会重要考量最大化管理者自身奖金价值，说明薪酬契约对公司会计政策的选择具有重要影响（Hagerman and Zmijewski，1979）。管理者还存在通过盈余管理来为自身较高的薪酬提供辩护的动机（谢德仁等，2012；缪毅和胡奕明，2016）。学者亦展开了薪酬差距与盈余管理的研究，但是研究结论并不一致，且未有研究考察公司内部高管团队中的"关键少数"的行为对盈余管理的影响，本章则从CEO与关键下属高管之间的薪酬差距出发，考察这一关键小群体对企业盈余管理的影响。

Finkelstein and Boyd（1988）发现，当公司的经营环境不稳定，且管理层有能力对公司的经营环境进行操控时，扩大薪酬差距可以激励管理层更加努力工作，进而改善公司的不良局面。Bloom and Michel（2002）认为，董事会对管理层的监督效果如何，需要考虑公司经营不确定性以及管理者自由裁量权的影响，如果公司的经营不确定性较高且管理者自由裁量权较大，董事会就难以对管理层进行有效监督，则企业往往需要在管理层内部设定较高的薪酬差距，以增强管理层之间的横向激励与监督。因此，较大的薪酬差距作为一种合理的契约安排，能够促使管理层有效地为公司服务。根据前文的论述，作为下一任 CEO 的潜在候选人，关键下属高管在薪酬差距的激励下能够提升高管团队内部的横向监督力度。因此，即便公司管理者存在因薪酬契约而进行盈余管理的动机，在横向监督的作用下，上市公司的盈余管理水平也应能够得到抑制。具体地，相对于 CEO 来讲，关键下属高管在公司的剩余职业道路更长，而且在现任 CEO 退休或者被解雇后，他们很可能成为新任 CEO。因此，关键下属高管往往更注重公司发展的质量，更具长远的眼光，更在乎公司的长期价值（Cheng Qiang 等，2016）。然而，就应计盈余管理而言，尽管是管理者利用在会计政策和会计估计方面的选择权来调节操控公司对外披露的会计盈余，从而实现特定期间的盈余需求，且对企业的损害较小（Graham and Harvey，2005），但是，应计盈余管理本身具有隐蔽性差的特点，易为各方所关注，更容易被监管部门或外部审计发现（Roychowdhury，2006）。一旦被监管部门查处，上市公司和管理者的声誉均会受到影响。根据经理人市场理论，如果管理者的声誉受损，不仅难以向董事会提出加薪或晋升要求，更阻碍了其跳槽以获得更高职位的机会（Fama，1980）。因此，关键下属高管在与 CEO 之间薪酬差距的激励下，存在抑制 CEO 进行应计盈余管理的动机。而且，关键下属高管之间也存在相互监督的动机，以防止其他关键下属高管与 CEO 合谋进行应计盈余管理（俞振和冯巧根，2010）。

真实盈余管理是企业操纵盈余的另外一种方式，它通过降价促销、削减酌量费用、过度生产存货、改变资产处置时间等方式，牺牲企业未来收益，换取当期利润，改变了企业的现金流。同应计盈余管理相比，真实盈余管理具有较强的隐蔽性，很难被监管部门发现，而且因真实盈余管理而被诉讼的情况较少（Ibrahim 等，2011），但是它会对企业的可持续发展和长远价值带来极大的破坏。如上所述，关键下属高管更注重企业的长期价值和个人声誉，那么考虑到真实盈余管理对企业及自身的影响，关键下属高管更不可能允许 CEO 进行真实盈余管理。此外，不同于应计盈余管理，真实盈余管理的操作涉及生产、销售、财务等企业运营的多个方面，如果没有其他高管的配合，CEO 仅凭一己之力难以进行。然而，在薪酬差距的激励下，关键下属高管不太可能与 CEO 合谋进行真实盈余管理，亦不会允许其他关键下属高管与 CEO 合谋破坏企业长期价值。此外，获得较高薪酬的 CEO 也会考虑到牺牲企业利益来满足自身短暂利益会带来自身长远利益的受损，也就会降低盈余操纵的动机（马晨等，2018）。

总之，关键下属高管与 CEO 之间的薪酬差距会促使其关注企业的长远价值和自身的声誉，进而会监督 CEO 和其他关键下属高管的盈余操纵行为，即会降低企业的应计盈余管理水平和真实盈余管理水平。据此，提出本章假设：

假设 1：限定其他条件，关键高管的薪酬差距越大，上市公司的应计盈余管理程度越低。

假设 2：限定其他条件，关键高管的薪酬差距越大，上市公司的真实盈余管理程度越低。

7.2 变量定义与模型构建

7.2.1 关键变量定义

（1）关键高管薪酬差距

本书所研究的关键高管薪酬差距指的是CEO与关键下属高管的薪酬差距，其度量的重点在于关键下属高管的界定。如何界定关键下属高管，详见前文所述。借鉴鲁海帆（2007）、张正堂（2007）以及张兴亮和夏成才（2016）等衡量高管团队间薪酬差距的基本思想，本书采用如下公式测算关键高管薪酬差距：*GAP* = ln(CEO薪酬 - 关键下属高管薪酬均值)，*GAP*的数值越大，表明CEO与关键下属高管之间的薪酬差距越大。

（2）应计盈余管理

Dechow and Dichev（2002）认为，应计利润可以用当期以及前后两期的经营活动现金流量进行估计，如果估计误差趋于零，就表明上市公司当前对外披露的有关收益的信息真实反映了未来现金流量。本书借鉴马忠等（2011）的研究经验，采用DD模型对研究样本进行分年度分行业的回归，并以残差的绝对值衡量应计盈余管理程度（$|DA|$）。

（3）真实盈余管理

借鉴已有研究经验（Roychowdhury，2006；Cohen等，2008；李增福等，2011），本书从三个方面衡量真实活动操控：销售操纵（如放宽销售条件和信用条件、加大销售折扣等，使得每单位销售带来的经营现金净流量减少）、生产操纵（如利用规模效应大量生产以降低单位产品成本，但总体生产成本与存货持有成本相应增加）、酌量性费用操纵（如缩减研发开支、广告开支和维修开支等，减少酌量性费用）。三种操控方式可以对应真实盈余管理指标的三个分指标，分别是异常经营活动现金流净额（*REM_CFO*）、异常产品成本（*REM_PRO*）和异常酌量性费用（*REM_DIS*），总体真实盈余管理水平（*REM*）就等于三个分指标相加之和。

7.2.2 检验模型构建

针对本章提出的假设，检验关键高管薪酬差距对应计盈余管理和真实盈余管理的影响，借鉴潘越等（2010）及 Gul 等（2013）等研究经验，构建模型 7－1 和模型 7－2：

$$|DA|_{i,t} = \alpha_0 + \alpha_1 GAP_{i,t} + \sum \alpha_{j+1} X_{i,t} + \varepsilon_{i,t} \tag{7-1}$$

$$REM_{i,t} = \beta_0 + \beta_1 GAP_{i,t} + \sum \beta_{j+1} X_{i,t} + \varepsilon_{i,t} \tag{7-2}$$

其中，$|DA|$ 为可操纵性应计额的绝对值；*RM* 表示真实盈余管理程度；*GAP* 表示关键高管之间的薪酬差距；*X* 表示控制变量。本书构建模型（7－1），用于检验关键高管薪酬差距对应计盈余管理的影响，根据本书提出的假设，模型（7－1）中的 α_1 应显著为负；本书构建模型（7－2），用于检验关键高管薪酬差距对真实盈余管理的影响，根据本书提出的假设，模型（7－2）中的 β_1 也应显著为负。

本书参照 Gul 等（2013）、范经华等（2013）及陈骏和徐捍军（2019）的研究，将公司规模（*SIZE*）、财务杠杆（*LEV*）、投资机会（*TQ*）、固定资产比例（*TANG*）、应收账款比例（*REC*）、存货比例（*INV*）、上市年限（*AGE*）、产权性质（*STATE*）、独立董事比例（*INDR*）、董事会规模（*BSIZE*）、监事会规模（*JSIZE*）、两职合一（*DUAL*）作为控制变量。此外，本书还对行业（*INDUSTRY*）和年度（*YEAR*）的影响进行了控制。具体的变量定义见表 7－1。

表 7-1 变量定义

变量类别	变量名称	变量符号	变量定义
被解释变量	应计盈余管理	|DA|	依据 DD 模型计算的可操纵性应计额的绝对值
	真实盈余管理	*REM*	等于异常的经营活动现金流、异常产品成本与异常酌量性费用之和
解释变量	关键高管薪酬差距	*GAP*	CEO 薪酬与薪酬排名前四的关键下属高管薪酬均值的差额取自然对数
控制变量	公司规模	*SIZE*	期末总资产的自然对数
	财务杠杆	*LEV*	期末总负债除以期末总资产
	投资机会	*TQ*	（年末流通股数 × 年末股价 + 年末非流通股数 × 每股净资产 + 年末负债总额）/年末总资产
	固定资产比例	*TANG*	期末固定资产净额除以期末总资产
	应收账款比例	*REC*	期末应收账款净额除以期末总资产
	存货比例	*INV*	期末存货净额除以期末总资产
	上市年限	*AGE*	截至本年公司上市年数的自然对数
	产权性质	*STATE*	若实际控制人属于国有性质，则 *STATE* 取值为 1，否则取值为 0
	独立董事比例	*INDR*	董事会中独立董事的比例
	董事会规模	*BSIZE*	董事会人数的自然对数
	监事会规模	*JSIZE*	监事会人数的自然对数
	两职合一	*DUAL*	若董事长兼任 CEO，则取值为 1，否则取值为 0
	行业	*INDUSTRY*	行业虚拟变量
	年度	*YEAR*	年度虚拟变量

7.3 实证分析与结果描述

7.3.1 样本选择

2005 年新修订的《公司法》第一百一十七条规定：公司应当定期向股东披露董事、监事、高级管理人员从公司获得报酬的情况。此次修订首次对我国上市公司高管人员的信息、薪酬的明细及总额作出了强制性披露要求。为能完整地获取上市公司高管及其薪酬的详细数据，识别出关键下属高管，进而对 CEO 与关键下属高管的薪酬差距进行测算，本书选取 2006 年至 2017 年我国 A 股上市公司作为初选样本，并根据研究惯例及本书研究需要剔除以下样本：(1) 金融保险类公司。(2) 被 ST 或*ST 的公司。(3) 高管团队少于 5 人的公司。(4) CEO 与关键下属高管的薪酬差距为零和负值的公司。(5) 关键数据缺失的公司。最终获得 12754 个样本观测值。上市公司 CEO 与关键下属高管名单及其薪酬等数据主要来源于 CSMAR 数据库和 Wind 数据库，并以借助新浪财经和百度搜索引擎手工收集的相关信息作为补充，其余数据来源于 CSMAR 数据库或经过手工计算整理而得。本书参照中国证监会《上市公司行业分类指引》进行行业分类，除制造业采取二级行业分类外，其他行业均采取一级行业分类。本书主要运用 EXCEL 和 STATA 分析软件进行数据处理和统计分析。为减轻异常值的影响，所有连续变量都在 1% 和 99% 的水平上进行了缩尾处理。

7.3.2 描述统计性

表 7－2 列示了模型（7－1）和模型（7－2）中各变量的描述性统计结果。由表可知，被解释变量应计盈余管理（$|DA|$）的

均值是 0.042，中位数是 0.013，标准差是 0.042，最小值是 0.001，最大值是 0.240，这说明总体上我国上市公司普遍存在应计盈余管理现象，且应计盈余管理程度在上市公司之间存在一定差异。被解释变量真实盈余管理（*REM*）的均值是 -0.010，中位数是 0.010，标准差是 0.255，最小值是 -0.908，最大值是 0.741，这说明我国上市公司进行真实盈余管理的策略存在较大差异。解释变量关键高管薪酬差距（*GAP*）的均值是 11.884，中位数是 11.215，标准差是 1.055，最小值是 8.987，最大值是 14.658，这说明在中国上市公司中，CEO 与关键下属高管之间存在一定的薪酬差距，但是这种薪酬差距在不同公司之间呈现较大差异。

表 7-2　　　　描述性统计

变量名称	观察值	均值	中位数	标准差	最小值	最大值
| *DA* |	12754	0.042	0.013	0.042	0.001	0.240
REM	12754	-0.010	0.010	0.255	-0.908	0.741
GAP	12754	11.884	11.215	1.055	8.987	14.658
SIZE	12754	21.952	21.083	1.204	19.525	25.569
LEV	12754	0.450	0.284	0.213	0.050	0.994
TQ	12754	2.147	0.928	1.824	0.216	10.478
TANG	12754	0.240	0.106	0.172	0.003	0.751
REC	12754	0.110	0.028	0.101	0	0.459
INV	12754	0.161	0.066	0.147	0	0.737
AGE	12754	2.103	1.609	0.759	0	3.178
STATE	12754	0.466	0	0.499	0	1
INDR	12754	0.368	0.333	0.051	0.273	0.571
BSIZE	12754	2.167	2.079	0.196	1.609	2.708
JSIZE	12754	1.281	1.099	0.270	1.099	2.079
DUAL	12754	0.243	0	0.429	0	1

在控制变量方面，公司规模（*SIZE*）的均值是 21.952，中位数是 21.083；财务杠杆（*LEV*）的均值是 0.450，中位数是 0.284；投资机会（*TQ*）的均值是 2.147，中位数是 0.928；固定资产比例（*TANG*）的均值是 0.240，中位数是 0.106；应收账款比例（*REC*）的均值是 0.110，中位数是 0.028；存货比例（*INV*）的均值是 0.161，中位数是 0.066；上市年限（*AGE*）的均值是 2.103，中位数是 1.609；产权性质（*STATE*）的均值是 0.466，中位数是 0；独立董事比例（*INDR*）的均值是 0.368，中位数是 0.333；董事会规模（*BSIZE*）的均值是 2.167，中位数是 2.079；监事会规模（*JSIZE*）的均值是 1.281，中位数是 1.099；两职合一（*DUAL*）的均值是 0.243，中位数是 0。对比以往研究可知，本书样本数据的分布较为合理。

7.3.3 相关性分析

表 7 - 3 列示的是模型（7 - 1）和模型（7 - 2）中各变量之间的相关系数。根据表 7 - 3 可知，解释变量关键高管薪酬差距（*GAP*）与被解释变量应计盈余管理（| *DA* |）之间的相关系数是 -0.045，且在 1% 水平上显著。这表明，关键高管薪酬差距与应计盈余管理之间整体上呈现的是负相关关系，也就是说一定程度上关键高管薪酬差距越大，上市公司的应计盈余管理程度越低。解释变量关键高管薪酬差距（*GAP*）与被解释变量真实盈余管理（| *REM* |）之间的相关系数是 -0.151，且在 1% 水平上显著。这说明，关键高管薪酬差距与真实盈余管理之间整体上呈现的是负相关关系，也即，在一定程度上关键高管薪酬差距越大，上市公司的真实盈余管理程度越低。

表 7－3　　Pearson 相关系数表

	|DA|	REM	GAP	SIZE	LEV	TQ	TANG	REC	INV	AGE	STATE	INDR	BSIZE	JSIZE	DUAL
|DA|	1														
REM	-0.075***	1													
GAP	-0.045***	-0.151***	1												
SIZE	-0.142***	-0.031***	0.233***	1											
LEV	0.015*	0.141***	-0.068***	0.401***	1										
TQ	0.239***	-0.171***	0.054***	-0.467***	-0.415***	1									
TANG	0.016*	0.015*	-0.168***	0.031***	0.094***	-0.145***	1								
REC	0.009	0.019**	-0.001	-0.180***	-0.015*	0.105***	-0.282***	1							
INV	-0.046***	0.128***	0.046***	0.143***	0.316***	-0.174***	-0.358***	-0.103***	1						
AGE	0.011	0.015	0.045***	0.332***	0.391***	-0.211***	0.072***	-0.219***	0.138***	1					
STATE	-0.032***	0.042***	-0.228***	0.266***	0.289***	-0.247***	0.219***	-0.194***	0.032***	0.391***	1				
INDR	-0.002	0.019**	0.045***	0.055***	-0.009	0.031***	-0.075***	0.041***	0.022**	-0.026***	-0.074***	1			
BSIZE	-0.025***	-0.040***	-0.063***	0.214***	0.148***	-0.155***	0.157***	-0.116***	-0.025***	0.095***	0.263***	-0.448***	1		
JSIZE	-0.026***	-0.003	-0.121***	0.229***	0.202***	-0.165***	0.204***	-0.147***	-0.008	0.211***	0.402***	-0.110***	0.348***	1	
DUAL	0.002	-0.013	0.131***	-0.149***	-0.139***	0.126***	-0.084***	0.105***	-0.018**	-0.222***	-0.294***	0.096***	-0.182***	-0.175***	1

注：***、** 和 * 分别表示在 0.01、0.05 和 0.1 的水平上显著相关。

在控制变量方面，公司规模（*SIZE*）、存货比例（*INV*）、董事会规模（*BSIZE*）、监事会规模（*JSIZE*）与被解释变量应计盈余管理（|*DA*|）之间呈显著负相关关系，说明规模较大、存货较多、董事会人数和监事会人数较多的上市公司，应计盈余管理水平较低；财务杠杆（*LEV*）、投资机会（*TQ*）、固定资产比例（*TANG*）、产权性质（*STATE*）与被解释变量应计盈余管理（|*DA*|）之间呈显著正相关关系，说明债务水平较高、投资机会较多、固定资产规模较大以及国有控股的上市公司，应计盈余管理水平较高。另外，公司规模（*SIZE*）、投资机会（*TQ*）、董事会规模（*BSIZE*）与被解释变量真实盈余管理（|*REM*|）之间呈显著负相关关系，说明上市公司的规模越大、投资机会越多、董事会人数越少，其真实盈余管理程度越低；财务杠杆（*LEV*）、固定资产比例（*TANG*）、应收账款比例（*REC*）、存货比例（*INV*）、独立董事比例（*INDR*）、产权性质（*STATE*）与被解释变量真实盈余管理（|*REM*|）之间呈显著正相关关系，说明上市公司的债务水平越高、固定资产规模越大、应收账款和存货比例越高、独董占比越多以及国有控股时，其真实盈余管理程度越大。此外，本书还发现，大多数控制变量与被解释变量的相关系数都在1%的置信水平上显著，这在一定程度上说明本书控制变量的选取具有一定的代表性。另外，各控制变量两两之间的相关系数均小于0.5，这说明模型（7－1）和模型（7－2）的各变量之间不存在严重的多重共线性问题。

7.3.4 多元回归分析

表7－4列示了模型（7－1）和模型（7－2）的多元回归结果，由此表的数据可知，在模型（7－1）中，解释变量关键高管薪酬差距（*GAP*）与被解释变量应计盈余管理（|*DA*|）之间的回归系数是－0.001，且在1%水平上显著，支持了本章提出的假设1。这说明，关键高管薪酬差距越大，关键下属高管抑制CEO进行应

计盈余管理的动机就越强，同时，关键下属高管之间相互监督的动机也增强，这就抑制了 CEO 自己或与其他关键下属高管合谋进行盈余操纵。在模型（7-2）中，解释变量关键高管薪酬差距（*GAP*）与被解释变量应计盈余管理（*REM*）之间的回归系数是 -0.028，且在1%水平上显著，支持了本章提出的假设2。这说明，在薪酬差距的激励下，关键下属高管不太可能与 CEO 合谋进行真实盈余管理，亦不会允许其他关键下属高管与 CEO 合谋进行真实盈余管理而破坏企业的长期价值。

表 7-4　　　　主测试的回归结果

变量	模型（7-1）		模型（7-2）	
	系数	T 值	系数	T 值
GAP	-0.001**	-2.21	-0.028***	-11.80
SIZE	0.000	0.44	-0.043***	-15.96
LEV	0.033***	14.83	0.145***	10.36
TQ	0.007***	28.55	-0.035***	-20.94
TANG	0.000	0.10	-0.002	-0.11
REC	0.003	0.72	-0.022	-0.78
INV	-0.010***	-2.85	0.361***	16.63
AGE	0.004***	6.36	-0.009**	-1.96
STATE	-0.003***	-3.55	0.005	0.84
INDR	-0.004	-0.57	0.073	1.48
BSIZE	-0.004*	-1.85	-0.043***	-3.03
JSIZE	-0.003**	-2.15	0.000	0.00
DUAL	-0.001	-1.22	-0.003	-0.53
Constant	0.038***	3.76	1.173***	18.18
行业	控制		控制	
年度	控制		控制	
Adj. R^2	0.119		0.116	
N	12754		12754	

注：***、** 和 * 分别表示在 0.01、0.05 和 0.1 水平上显著，T 值均经过 robust 调整。

在控制变量方面，模型（7－1）中存货比例（*INV*）、产权性质（*STATE*）、董事会规模（*BSIZE*）、监事会规模（*JSIZE*）的回归系数显著为负，这表明，在控制其他因素不变时，存货较多的企业和国有企业的应计盈余管理水平较低，较大的董事会和监事会规模可以抑制企业的应计盈余管理行为；财务杠杆（*LEV*）、投资机会（*TQ*）、上市年限（*AGE*）的回归系数显著为正，这表明，债务水平高、成长性强、上市时间长的企业，进行应计盈余管理的概率较大。模型（7－2）中公司规模（*SIZE*）、投资机会（*TQ*）、上市年限（*AGE*）、董事会规模（*BSIZE*）的回归系数显著为负，这表明，规模较大、成长性较强、上市时间较长的企业进行真实盈余管理的概率较小，且大规模的董事会可以抑制管理层的真实盈余管理行为；财务杠杆（*LEV*）、存货比例（*INV*）的回归系数显著为正，这表明，当企业的财务杠杆较高、存货较多时，进行真实盈余管理的动机较强。

7.3.5 进一步分析

（1）关键高管是否真的“关键”：不同类型薪酬差距对盈余管理影响的比较

已有大量文献对薪酬差距展开研究，但主要侧重于整个高管团队，也即聚焦于 CEO 与其他所有高管之间的薪酬差距，还有高管与员工之间的薪酬差距。然而，在企业中并非所有高管均有话语权，权力往往掌握在少数人手中，不同层级的高管，其行为存在一定的差异。根据本章提出的假设，关键高管之间的薪酬差距能够降低上市公司的盈余管理水平。那么，相比公司高管团队内部的其他人员，关键高管是否真正起到了“关键”作用？换言之，关键高管之间的薪酬差距对盈余管理的影响是否明显强于整个高管团队内部的薪酬差距？对此，本书构建模型（7－3）和模型（7－4）进行检验。

$$|DA|_{i,t} = \alpha_0 + \alpha_1 GAP_{i,t} + \alpha_2 TDGAP_{i,t} + \sum \alpha_{j+2} X_{i,t} + \varepsilon_{i,t} \quad (7-3)$$

$$REM_{i,t} = \beta_0 + \beta_1 GAP_{i,t} + \beta_2 TDGAP_{i,t} + \sum \beta_{j+2} X_{i,t} + \varepsilon_{i,t} \quad (7-4)$$

其中，$|DA|$ 为可操纵性应计额的绝对值；*REM* 表示真实盈余管理程度；*GAP* 表示 CEO 与关键下属高管之间的薪酬差距；*TDGAP* 为高管团队内关键高管与非关键高管之间的薪酬差距，关键高管包括 CEO 及四名关键下属高管，因此 *TDGAP* = ln（CEO 及四名关键下属高管的薪酬均值 - 其他高管薪酬均值）；*X* 表示控制变量。

根据表 7-5 列示的回归结果可知，在模型（7-3）中，关键高管薪酬差距（*GAP*）的回归系数显著为负，而高管团队内关键高管与非关键高管之间的薪酬差距（*TDGAP*）的回归系数为正，但不显著。这说明，在高管团队内部，关键高管有更强的意愿和能力对其他高管进行监督，在薪酬差距的激励下，关键高管在抑制企业应计盈余管理行为上发挥了应有的“关键”作用。在模型（7-4）中，关键高管薪酬差距（*GAP*）的回归系数显著为负，高管团队内关键高管与非关键高管之间的薪酬差距（*TDGAP*）的回归系数也显著为负。这表明，关键高管和非关键高管对企业的真实盈余管理均有重要影响。可能的解释是，真实盈余管理的操作涉及生产、销售、财务等企业运营的多个方面，如果进行真实盈余管理，很可能涉及非关键高管负责的业务。那么，非关键高管在与关键高管薪酬差距的激励下，亦有可能监督其他高管的真实盈余管理行为。

表 7-5　　进一步测试（1）的回归结果

变量	模型（7-3）		模型（7-4）	
	系数	T 值	系数	T 值
GAP	-0.001***	-2.70	-0.015***	-4.30
TDGAP	0.000	0.89	-0.018***	-5.26

续表

变量	模型（7-3）		模型（7-4）	
	系数	T值	系数	T值
SIZE	0.000	1.03	-0.038***	-13.27
LEV	0.032***	13.33	0.152***	10.02
TQ	0.008***	26.96	-0.037***	-20.14
TANG	-0.000	-0.11	-0.015	-0.83
REC	0.008*	1.65	-0.017	-0.57
INV	-0.007*	-1.80	0.364***	15.67
AGE	0.004***	5.96	-0.011**	-2.41
STATE	-0.004***	-3.75	0.003	0.42
INDR	-0.006	-0.71	0.018	0.34
BSIZE	-0.004*	-1.72	-0.052***	-3.49
JSIZE	-0.003*	-1.85	-0.000	-0.01
DUAL	-0.002*	-1.72	-0.002	
Constant	0.035***	3.20	1.158***	17.01
行业	控制		控制	
年度	控制		控制	
Adj. R^2	0.119		0.126	
N	11056		11056	

注：***、** 和 * 分别表示在0.01、0.05和0.1水平上显著，T值均经过robust调整。

（2）外部监督与关键高管横向监督的交互效应：高质量审计视角

高质量的会计师事务所更可能发现上市公司财务报告中的重大错报，督促上市公司及时修正，降低上市公司的盈余管理水平。一方面，高质量的会计师事务所的专业胜任能力较高，其具有专业化的培训和审计水平，可以使用更先进的审计技术发现被审计单位的错报或盈余操纵。而且，高质量的会计师事务所一般具有较高的行业专长，其在某一特定行业积累了丰富的审计技能和经验，可以更有效地评估前者的重大错报风险，制定恰当的审计计划，实施正确的审计程序，从而发现被审计单位激进的会计处理方式。另一方面，高质量的会计师事务所具有较高的声誉，在业界拥有良好的口碑。为维护声誉，其更可能保持较高的独立性，在发现被审计单位激进的会计处理方式时，有更强的动机要求被审计单位进行修正。那么，高质量的外部审计监督与关键下属高管横向监督之间的交互效应体现为互补还是替代？为对此进行解答，本书根据上市公司年报是否由国际四大会计师事务所进行审计，将全样本划分为国际“四大”审计组和非国际“四大”审计组，并分别对模型（7－1）和模型（7－2）进行回归。

表7－6列示了分组回归的结果。根据模型（7－1）的分组回归结果可知，在国际“四大”审计组中，关键高管薪酬差距（*GAP*）的回归系数为负，但不显著；在非国际“四大”审计组中，关键高管薪酬差距（*GAP*）的回归系数显著为负。这说明，当上市公司由非国际“四大”进行审计时，关键高管薪酬差距对企业的应计盈余管理具有显著的抑制作用，也就是说，在应计盈余管理方面，高质量审计与关键高管横向监督存在明显的替代效应。根据模型（7－2）的分组回归结果可知，在国际“四大”审计组中，关键高管薪酬差距（*GAP*）的回归系数在5%水平上显著为负；在非国际“四大”审计组中，关键高管薪酬差距（*GAP*）的回归系数在1%水平上显著为负。这说明，在两种情况下，关键高管的横向监督对抑制真实盈余管理都有显著作用，但是在国际“四大”审计时，监督效果相对较弱，也就是说在真实盈余管理方面，高质量审计与关键高管横向监督存在微弱的替代效应。

表 7－6　　　　进一步测试（2）的回归结果

变量	模型（7－1）				模型（7－2）			
	国际“四大”审计		非国际“四大”审计		国际“四大”审计		非国际“四大”审计	
	系数	T 值	系数	T 值	系数	T 值	系数	T 值
GAP	－0.001	－1.02	－0.001**	－1.98	－0.020**	－2.25	－0.028***	－11.36
SIZE	0.002*	1.71	0.000	0.21	－0.037***	－3.76	－0.042***	－14.19
LEV	－0.001	－0.07	0.034***	15.01	0.079	1.02	0.148***	10.36
TQ	0.010***	6.86	0.007***	27.25	－0.069***	－7.21	－0.034***	－19.46
TANG	0.004	0.45	0.000	0.05	0.223***	3.58	－0.011	－0.61
REC	－0.013	－0.74	0.003	0.72	－0.083	－0.71	－0.028	－0.99
INV	0.044**	2.42	－0.011***	－3.12	0.684***	5.67	0.347***	15.74
AGE	0.007***	3.19	0.003***	5.58	0.008	0.41	－0.009*	－1.90
STATE	－0.006	－1.54	－0.003***	－3.32	0.040	1.54	0.003	0.51
INDR	－0.015	－0.52	－0.001	－0.15	0.190	0.99	0.054	1.05
BSIZE	－0.006	－0.81	－0.004	－1.60	0.059	1.15	－0.049***	－3.37
JSIZE	0.005	0.92	－0.004***	－2.75	－0.075**	－2.14	0.002	0.19
DUAL	0.008*	1.73	－0.001	－1.44	－0.034	－1.02	－0.003	－0.48
Constant	－0.046	－0.94	0.040***	3.56	0.854***	3.22	1.172***	16.70
行业	控制		控制		控制		控制	
年度	控制		控制		控制		控制	
Adj. R^2	0.228		0.118		0.385		0.109	
N	638		12116		638		12116	

注：***、** 和 * 分别表示在 0.01、0.05 和 0.1 水平上显著，T 值均经过 robust 调整。

（3）关键高管薪酬差距降低盈余管理的路径分析

根据前文的分析及提出的假设，关键高管薪酬差距能够减弱上市公司对应计盈余和真实盈余的管理。那么，下一个深层次的问题便是，这种影响是什么机制造成的，也即是否存在作用的中间路径？如前所述，关键下属高管作为下一任 CEO 的潜在候选人，在与 CEO 之间的薪酬差距激励下，存在监督 CEO 机会主义行为的动机，并且他们之间也存在互相监督。此外，作为高管团队核心圈的成员，他们处在不同的关键岗位上，有能力抑制其他高管在私利动机下可能产生的机会主义行为。企业的盈余管理行为，特别是真实盈余管理，非一人所能完成，而 CEO 与关键下属高管之间的薪酬差距降低了高管之间合谋的可能性，促使他们互相之间形成制衡。制衡是企业实施内部控制的关键。高质量的内部控制可以避免管理层利用激进的会计处理方法谋求私利，进而可以提高会计信息质量（方红星和张志平，2012），还可以通过不相容职务分离和授权审批制度加强对管理层行为的监控，强化对管理层权力的制衡，防止管理层不当行为的发生（方红星和金玉娜，2011）。因此，本书认为关键高管之间的薪酬差距通过提升企业的内部控制质量来降低盈余管理水平。基于此，本书以内部控制为中介变量构建中介效应模型，深入剖析关键高管薪酬差距对盈余管理的抑制效应中潜在的传导机制。参照温忠麟等（2004）提出的中介效应基本思路与检验方法，设定内部控制的检验路径如下：

$$|DA|_{i,t} = \alpha_0 + \alpha_1 GAP_{i,t} + \sum \alpha_{j+1} X_{i,t} + \varepsilon_{i,t} \tag{7-1}$$

$$REM_{i,t} = \beta_0 + \beta_1 GAP_{i,t} + \sum \beta_{j+1} X_{i,t} + \varepsilon_{i,t} \tag{7-2}$$

$$IC_{i,t} = \gamma_0 + \gamma_1 GAP_{i,t} + + \sum \gamma_{j+1} X_{i,t} + \varepsilon_{i,t} \tag{7-5}$$

$$|DA|_{i,t} = \delta_0 + \delta_1 GAP_{i,t} + \delta_2 IC_{i,t} + \sum \delta_{j+2} X_{i,t} + \varepsilon_{i,t} \tag{7-6}$$

$$REM_{i,t} = \lambda_0 + \lambda_1 GAP_{i,t} + \lambda_2 IC_{i,t} + \sum \lambda_{j+2} X_{i,t} + \varepsilon_{i,t} \tag{7-7}$$

其中，$|DA|$ 为可操纵性应计额的绝对值；REM 表示真实盈余管理程度；GAP 表示关键高管之间的薪酬差距；IC 为内部控制质量；模型（7－1）和模型（7－2）是关键高管薪酬差距影响盈余管理的基础模型；模型（7－5）是关键高管薪酬差距影响内部控制质量的模型；模型（7－6）和模型（7－7）是分析关键高管薪酬差距是否通过内部控制影响盈余管理的中介检验模型。

表 7 - 7 列示了中间效应检验的回归结果，其中，模型（7 - 1）和模型（7 - 2）的回归结果见表 7 - 4。根据模型（7 - 5）的回归结果可知，关键高管薪酬差距（*GAP*）的回归系数显著为正，也就是说，CEO 与关键下属高管之间的薪酬差距越大，上市公司的内部控制质量越高。根据模型（7 - 6）的回归结果可知，关键高管薪酬差距（*GAP*）的回归系数为负，但不显著，而内部控制质量（*IC*）的回归系数显著为负，这说明内部控制质量是关键高管薪酬差距抑制应计盈余管理的完全中介。根据模型（7 - 7）的回归结果可知，关键高管薪酬差距（*GAP*）的回归系数显著为负，而内部控制质量（*IC*）的回归系数也显著为负，这说明内部控制质量是关键高管薪酬差距抑制真实盈余管理的部分中介。

表 7 - 7　　进一步测试（3）的回归结果

变量	模型（7 - 5）		模型（7 - 6）		模型（7 - 7）	
	系数	T 值	系数	T 值	系数	T 值
GAP	0.010***	8.90	-0.000	-0.18	-0.026***	-10.63
IC			-0.036***	-11.54	-0.208***	-10.32
SIZE	0.056***	46.18	0.003***	7.04	-0.029***	-9.83
LEV	-0.154***	-23.40	0.018***	7.73	0.092***	6.10
TQ	0.008***	10.41	0.008***	28.50	-0.036***	-20.65
TANG	-0.025***	-3.29	-0.002	-0.65	-0.007	-0.38
REC	0.082***	6.70	0.012***	2.87	0.014	0.49
INV	0.072***	7.25	-0.004	-1.16	0.393***	17.85
AGE	-0.017***	-9.86	0.004***	6.16	-0.014***	-3.22
STATE	0.008***	3.27	-0.003***	-3.61	0.006	0.97
INDR	-0.020	-0.88	-0.004	-0.47	0.056	1.12
BSIZE	0.006	0.98	-0.003	-1.49	-0.044***	-3.12
JSIZE	0.004	0.98	-0.003**	-2.33	-0.001	-0.08

续表

变量	模型（7-5）		模型（7-6）		模型（7-7）	
	系数	T值	系数	T值	系数	T值
DUAL	-0.001	-0.43	-0.001	-1.12	-0.003	-0.60
Constant	5.290***	183.18	0.206***	10.59	2.249***	18.05
行业	控制		控制		控制	
年度	控制		控制		控制	
Adj. R^2	0.241		0.122		0.126	
N	12262		12262		12262	

注：***、**和*分别表示在0.01、0.05和0.1水平上显著，T值均经过robust调整。

7.3.6 稳健性测试

（1）替换关键高管薪酬差距的度量方式

本书主测试中采用CEO与关键下属高管之间的绝对薪酬差额来度量关键高管薪酬差距，然而不同行业之间的CEO与关键下属高管之间的薪酬差距是存在差异的。具体地，相较于整体薪酬水平更低的行业，整体薪酬水平更高行业的CEO与关键下属高管薪酬差距的绝对数额更大。为排除这一情况对本书研究结果可能产生的影响，本书将样本公司的关键高管薪酬差距均减去行业均值，构建新的关键高管薪酬差距指标*GAP_IND*，重新对主测试进行回归分析，回归结果如表7-8所示，与主测试的回归结果基本一致。

表7-8 稳健性测试（1）的回归结果

变量	模型（7-1）		模型（7-2）	
	系数	T值	系数	T值
GAP_IND	-0.001**	-2.29	-0.030***	-12.48
SIZE	0.000	0.45	-0.043***	-15.85
LEV	0.033***	14.83	0.145***	10.30

续表

变量	模型（7－1）		模型（7－2）	
	系数	T值	系数	T值
TQ	0.007***	28.55	－0.035***	－20.84
TANG	0.000	0.12	0.001	0.06
REC	0.003	0.73	－0.019	－0.67
INV	－0.010***	－2.88	0.357***	16.47
AGE	0.004***	6.36	－0.009**	－1.99
STATE	－0.003***	－3.56	0.004	0.74
INDR	－0.004	－0.57	0.075	1.51
BSIZE	－0.004*	－1.83	－0.041***	－2.92
JSIZE	－0.003**	－2.16	－0.001	－0.08
DUAL	－0.001	－1.22	－0.003	－0.51
Constant	0.029***	2.85	0.861***	13.23
行业	控制		控制	
年度	控制		控制	
Adj. R^2	0.119		0.117	
N	12754		12754	

注：***、**和*分别表示在0.01、0.05和0.1水平上显著，T值均经过robust调整。

（2）替换盈余管理的度量方式

本书主测试中的应计盈余管理以根据DD模型计算的可操纵性应计额的绝对值来度量。这里，改变其度量方法，使用根据修正的DD模型计算的可操纵性应计额的绝对值度量应计盈余管理水平，重新检验假设H_1。此外，借鉴Cohen等（2010）和王福胜等（2014）的研究经验，构建新的真实盈余管理指标，重新检验假设H_2。回归结果如表7－9所示，与主测试的回归结果基本一致。

表7-9　　稳健性测试（2）的回归结果

变量	模型（7-1）		模型（7-2）	
	系数	T值	系数	T值
GAP	-0.001 *	-1.71	-0.022 ***	-11.29
SIZE	-0.001 *	-1.86	-0.033 ***	-14.99
LEV	0.025 ***	12.58	0.095 ***	8.26
TQ	0.006 ***	24.26	-0.027 ***	-19.29
TANG	-0.002	-0.75	0.065 ***	4.57
REC	0.002	0.64	-0.161 ***	-7.14
INV	-0.009 ***	-3.00	0.263 ***	14.81
AGE	0.004 ***	7.43	-0.009 **	-2.55
STATE	-0.002 ***	-2.62	0.005	1.04
INDR	0.001	0.08	0.046	1.13
BSIZE	-0.003	-1.58	-0.048 ***	-4.18
JSIZE	-0.003 *	-1.91	0.002	0.27
DUAL	-0.001	-1.25	-0.001	-0.32
Constant	0.052 ***	5.76	0.942 ***	17.84
行业	控制		控制	
年度	控制		控制	
Adj. R^2	0.099		0.105	
N	12754		12754	

注：***、** 和 * 分别表示在0.01、0.05和0.1水平上显著，T值均经过robust调整。

（3）解决异方差问题

本书在公司层面与年度层面对模型（7-1）和模型（7-2）中各变量回归系数的标准误差进行cluster处理，用以缓解截面相关及时间序列相关导致的异方差问题，具体回归结果如表7-10所示。根据该表可知，在公司和年度层面均进行cluster处理后，关键高管薪酬差距的回归系数仍在1%水平上显著为负，这表明本书主测试的实证结果比较可靠。

表 7－10　　稳健性测试（3）的回归结果

变量	模型（7－1）		模型（7－2）	
	系数	T值	系数	T值
GAP	－0.001**	－2.17	－0.028***	－11.40
SIZE	0.000	0.39	－0.043***	－14.84
LEV	0.033***	11.05	0.145***	9.75
TQ	0.007***	19.85	－0.035***	－16.19
TANG	0.000	0.09	－0.002	－0.12
REC	0.003	0.68	－0.022	－0.73
INV	－0.010**	－2.43	0.361***	14.47
AGE	0.004***	6.33	－0.009*	－1.93
STATE	－0.003***	－3.41	0.005	0.81
INDR	－0.004	－0.55	0.073	1.44
BSIZE	－0.004*	－1.73	－0.043***	－3.02
JSIZE	－0.003**	－2.12	0.000	0.00
DUAL	－0.001	－1.25	－0.003	－0.51
Constant	0.038***	3.37	1.173***	17.87
行业	控制		控制	
年度	控制		控制	
Adj. R^2	0.119		0.116	
N	12754		12754	

注：***、** 和 * 分别表示在 0.01、0.05 和 0.1 水平上显著，T 值均经过 robust 调整。

（4）解决内生性问题

本书可能存在因遗漏变量或互为因果而造成的内生性问题，对此，可运用工具变量法进行解决。本书选取关键高管薪酬差距的滞后一期（*IV*1）和行业年度均值（*IV*2）作为工具变量，理论上讲，这两个工具变量应该与关键高管薪酬差距强相关而与当期盈余管理无关。本书运用两阶段最小二乘法（2SLS）对模型（7－1）和模型（7－2）进行回归，并检验了工具变量的相关性和外生性，结果如表7-11和表7-12所示。

表7-11　　稳健性测试（4）的回归结果

变量	模型（7-1）			
	第一阶段		第二阶段	
	系数	T值	系数	T值
GAP			-0.001	-1.06
*IV*1	0.815***	116.70		
*IV*2	0.202***	5.79		
SIZE	0.058***	8.39	0.001	1.35
LEV	-0.0130	-0.35	0.029***	8.35
TQ	0.029***	6.97	0.007***	17.36
TANG	-0.043	-0.98	-0.003	-0.79
REC	-0.018	-0.28	-0.001	-0.17
INV	-0.059	-1.12	-0.010**	-2.05
AGE	0.038***	4.46	0.003***	5.21
STATE	-0.101***	-7.11	-0.003***	-2.79
INDR	-0.030	-0.24	-0.013	-1.36
BSIZE	-0.011	-0.30	-0.006**	-2.21
JSIZE	-0.028	-1.19	-0.002	-1.30
DUAL	0.051***	4.25	-0.001	-1.56
Constant	-1.303***	-3.22	0.034***	2.60
行业	控制		控制	
年度	控制		控制	
Adj. R^2	0.754		0.113	
N	9651		9651	
工具变量有效性检验				
第一阶段F值=593.67（p=0.000）				
过度识别检验Score chi2（1）=0.010（p = 0.920）				

注：***、**和*分别表示在0.01、0.05和0.1水平上显著，T值均经过robust调整。

表 7-12 稳健性测试（4）的回归结果

变量	模型（7-2）			
	第一阶段		第二阶段	
	系数	T值	系数	T值
GAP			-0.031***	-9.00
IV1	0.815***	109.87		
IV2	0.206***	5.68		
SIZE	0.061***	8.36	-0.045***	-13.39
LEV	-0.030	-0.77	0.125***	7.42
TQ	0.029***	6.48	-0.040***	-16.07
TANG	-0.038	-0.83	0.016	0.84
REC	0.005	0.07	-0.007	-0.22
INV	-0.057	-1.04	0.375***	12.93
AGE	0.051***	4.81	-0.009*	-1.86
STATE	-0.105***	-7.14	0.001	0.11
INDR	0.021	0.16	0.083	1.43
BSIZE	0.003	0.07	-0.034**	-2.10
JSIZE	-0.033	-1.37	-0.009	-0.88
DUAL	0.052***	4.10	-0.001	-0.20
Constant	-1.471***	-3.48	1.249***	16.64
行业	控制		控制	
年度	控制		控制	
Adj. R^2	0.756		0.127	
N	9651		9651	
工具变量有效性检验				
第一阶段 F 值 = 543.75（p = 0.000）				
过度识别检验 Score chi2（1）= 1.102（p = 0.294）				

注：***、** 和 * 分别表示在 0.01、0.05 和 0.1 水平上显著，T 值均经过 robust 调整。

根据表7-11可知，在第一阶段的回归结果中，两个工具变量的回归系数均显著为正，且一阶段F值为593.67，说明工具变量的选择满足相关性要求。此外，工具变量的过度识别检验结果显示P值为0.920，故无法拒绝“所有工具变量均外生”的原假设，意味着本书的两个工具变量均满足外生性要求。在第二阶段的回归结果中，关键高管薪酬差距（*GAP*）的回归系数为-0.001，且在接近10%的水平上显著，表明本书假设1的实证结果基本不受内生性的干扰。

根据表7-12可知，在第一阶段的回归结果中，两个工具变量的回归系数均显著为正，且一阶段F值为543.75，说明工具变量的选择满足相关性要求。此外，工具变量的过度识别检验结果显示P值为0.294，故无法拒绝“所有工具变量均外生”的原假设，意味着本书的两个工具变量均满足外生性要求。在第二阶段的回归结果中，关键高管薪酬差距（*GAP*）的回归系数为-0.031，且在1%的水平上显著，这表明在处理了内生性问题后，本书假设2仍然成立。

本章总结

已有研究表明，信息不对称是企业投资低效的原因之一，本章则从盈余管理的角度检验关键高管薪酬差距如何通过降低信息不对称进而提高企业投资效率。具体地，本章以2006年至2017年我国A股非金融类上市公司为样本，考察关键高管薪酬差距对应计盈余管理和真实盈余管理的影响。实证结果显示：（1）在其他条件既定的情况下，关键高管薪酬差距，也即CEO与关键下属高管之间的薪酬差距能够激励关键下属高管对CEO和其他关键下属高管进行监督，抑制CEO和其他关键下属高管的盈余操纵行为，进而降低企业的应计盈余管理水平和真实盈余管理水平，缓解企业信息不对称。(2) 进一步研究发现，通过比较关键高管薪酬差距和整个高管团队内部的薪酬差距对盈余管理的影响，证实了关键高管对抑制企业的盈余管理起到了“关键”的作用。此外，高管团队内部的其他非关键高管对抑制企业的真实盈余管理也有重要作用。(3) 外部监督和关键高管横向监督在降低企业盈余管理水平上存在替代效应。具体地，当上市公司由国际四大会计师事务所审计时，关键高管的横向监督在抑制应计盈余管理水平上发挥的作用不再显著；关键高管横向监督与外部监督均对真实盈余管理有显著的抑制作用。(4) 内部控制通过强化对管理层权力的制衡，避免管理层利用激进的会计处理方法谋求私利的机会主义行为，而关键高管薪酬差距正是通过提高企业的内部控制质量来提高财务报告的盈余信息质量。因此，内部控制质量是关键高管薪酬差距影响盈余管理的主要路径。(5) 通过各稳健性测试，包括替换关键高管薪酬差距和盈余管理的度量方式、进行 cluster 处理以缓解截面相关及时间序列相关问题、运用工具变量法解决内生性问题，我们发现本章主测试的结论较为可靠。

第8章　关键高管薪酬差距与投资效率之关系的经济后果检验：企业价值视角

8.1　理论分析与假设发展

在现代公司中，所有者将公司经营决策权全权委托给代理人（即公司管理层），委托代理双方不可避免地存在利益不一致和信息不对称等问题。委托人既希望代理人按其意愿行事，又希望可以避免代理人的机会主义，进而降低其监督成本，因此设计出合理的激励机制是委托人能否保障其利益不受损的关键所在。在准备聘请公司高管时，公司所有者都会慎重考量委托代理问题，这些问题很大一部分都集中反映在与高管人员即将签订的薪酬激励合约中。现实中，公司内部不同层级间的薪酬水平可能存在显著差异，而且这种现象普遍存在。对此解释最具说服力的是锦标赛理论，其基本思想是将高层管理者视为内部晋升的竞争对手、不同层级间的薪酬差距视为公司给予获胜者的奖金，而落选者一无所得（Lazear and Rosen，1981）。由此理论可知，高管团队内部形成的薪酬差距实质上是一种有效的激励制度，它可使高管始终保持强烈的获胜动机，为保持高管个人利益与公司利益的一致性提供长且强的激励，从而提升公司价值。

Rosen（1986）以“连续淘汰竞赛”的观念描述整个管理团队内部薪酬结构，证明了管理层级间的薪酬差额是职位层级的线性递增函数，即薪酬差距随职位上升而增大，并以此为基础解释性地认为委托者将最高层级薪酬与其次层级薪酬大大拉开，或许可以产生一种具有无穷大的激励作用。最高层级无疑是作为“领头羊”的CEO，他的下一层级并非囊括所有的非CEO高管，更可能是少数几个担任关键岗位并与CEO共同对公司战略决策作出贡献的关键下属高管。他们既是决策者，又是各种决策的具体执行者，也是公司的中坚力量，其重要性虽不等同但并不亚于CEO，甚至可以说，在正常情况下，关键下属高管与CEO在能力水平上的差距并不大，而其与CEO之间存在较大的薪酬差距则会诱使他们竭尽所能地争取职位晋升赛的胜利。

事实上，在现代社会中，最高层级的薪酬不仅代表最大的物质财富，也象征个人成功、社会地位、权力甚至尊严（张正堂等，2001）。因此，对于关键下属高管而言，获得晋升是极具诱惑的，除了薪酬明显增加以外，还将带来诸多非货币收益，如职务消费增多、个人权力增大、成就感增强等，这些均为关键下属高管在晋升锦标赛中企图获取胜利提供了强烈诱因。然而，在高管团队“核心圈”内，每个关键下属高管几乎能力相当，要想获得职位上的晋升、取得更高的薪酬，就必须要打败竞争对手（即其他关键下属高管）。作为未来CEO的候选人，任何一名关键下属高管若想成功晋升CEO并取得更多薪酬，势必会在各自能力水平一定的条件下，尽可能地发挥自己的努力程度，力争在其所负责的职能领域内获得杰出的业绩，以期在众多竞争者中脱颖而出，正所谓“人各任其能，竭其力，以得所欲”（西汉 司马迁《史记·货殖列传》）。此外，作为有可能成为未来CEO的关键下属高管，他们更注重公司的长期价值，不太可能为获取暂时的私利而破坏晋升为CEO的可能性。在晋升激励的作用下，关键下属高管还会监督CEO和其他关键下属高管的机会主义行为，以提升自身晋升的概率。在这种横向监督下，包括CEO和关键下属高管的管理层“核心圈”必定会约束自己的私利行为并付出更多的努力，以保住现有职位或晋升至更高职位。因此，CEO与关键下属高管的薪酬差距越大，激励效应和横向监督效应越强，CEO与关键下属高管均将更加努力地工作，最终促使公司价值的提升。基于此，提出本章假设1：

假设1：限定其他条件，关键高管的薪酬差距越大，上市公司的价值越高。

公司治理影响企业价值需要通过“中间桥梁”来实现，即公司治理首先会影响企业行为，这些行为继而会对企业绩效产生影响。投资决策是上市公司最重要财务决策之一。投资是未来现金流增长的重要基础和公司成长的动因，同时也是公司实现价值持续增加的重要保障。企业的投资行为便是公司治理机制提升企业价值的一个重要的“中间桥梁”（辛清泉等，2007）。根据前文所述，关键高管薪酬差距通过缓解代理问题和降低信息不对称进而提高了上市公司的投资效率。那么，关键高管薪酬差距对投资效率的提升也必将带动公司价值的增加，换言之，关键高管薪酬差距对公司价值的影响是通过提高投资效率实现的。基于此，提出本章假设2：

假设2：限定其他条件，关键高管薪酬差距通过提高投资效率进而提升公司价值。

8.2 变量定义与模型构建

8.2.1 关键变量定义

（1）关键高管薪酬差距

本书所研究的关键高管薪酬差距指的是CEO与关键下属高管

的薪酬差距，其度量的重点在于关键下属高管的界定。如何界定关键下属高管，详见前文所述。借鉴鲁海帆（2007）、张正堂（2007）以及张兴亮和夏成才（2016）等对高管团队间薪酬差距衡量的基本思想，本书采用如下公式测算关键高管薪酬差距：*GAP* = ln（CEO薪酬 - 关键下属高管薪酬均值），*GAP* 的数值越大，表明 CEO 与关键下属高管之间的薪酬差距越大。

（2）投资效率

本书借鉴 Richardson（2006）和辛清泉等（2007）的研究经验，将根据模型（5 - 1）计算出的残差绝对值作为投资效率的替代度量。对模型（5 - 1）的解释，详见本书第 5 章。

（3）公司价值

借鉴陈信元和黄俊（2016）、李英利和谭梦卓（2019）的研究经验，本书以托宾 Q 值（*Tobin's Q*）度量公司价值。托宾 Q 值定义为公司权益市值与负债账面价值之和除以总资产。

8.2.2 检验模型构建

根据本章提出的假设，本书借鉴鲁海帆（2007）、杜兴强等（2011）、陈修德等（2011）和李文贵等（2017）的研究经验，构建模型（8 - 1）和模型（8 - 2）：

$$Tobin's\ Q_{i,t} = \alpha_0 + \alpha_1 GAP_{i,t} + \sum \alpha_{j+1} X_{i,t} + \varepsilon_{i,t} \quad (8-1)$$

$$Tobin's\ Q_{i,t} = \alpha_0 + \alpha_1 GAP_{i,t} + \alpha_2 INVEFF_{i,t} + \alpha_3 GAP_{i,t} \times INVEFF_{i,t} + \sum \alpha_{j+3} X_{i,t} + \varepsilon_{i,t} \quad (8-2)$$

其中，*Tobin's Q* 表示公司价值；*GAP* 表示关键高管之间的薪酬差距；*INVEFF* 表示投资效率；*GAP* × *INVEFF* 表示关键高管的薪酬差距（*GAP*）与投资效率（*INVEFF*）的交乘项；*X* 表示控制变量。本书构建模型（8 - 1），用于检验假设 1，根据本章提出的假设，模型（8 - 1）中的系数 α_1 应该显著为正；本书构建模型（8 - 2），用于检验假设 2，根据本章提出的假设，模型（8 - 2）中的系数 α_3

应该显著为正。

本书参照鲁海帆（2007）、杜兴强等（2011）、陈信元和黄俊（2016）、和李文贵等（2017）的研究，将公司规模（*SIZE*）、财务杠杆（*LEV*）、现金持有率（*CASH*）、固定资产比例（*TANG*）、独立董事比例（*INDR*）、董事会规模（*BSIZE*）、监事会规模（*JSIZE*）、上市年限（*AGE*）、国有股权比例（*GS*）、股权集中度（*SHRCR*）作为控制变量。此外，本书还对行业（*INDUSTRY*）和年度（*YEAR*）的影响进行了控制。具体的变量定义如表 8－1 所示。

表 8－1　　变量定义

变量类别	变量名称	变量符号	变量定义
被解释变量	公司价值	*Tobin's Q*	公司权益市值与负债账面价值之和除以总资产
解释变量	关键高管薪酬差距	*GAP*	CEO 薪酬与薪酬排名前四的关键下属高管薪酬均值的差额取自然对数
	投资效率	*INVEFF*	以根据模型（5－1）计算得到的残差绝对值衡量，残值绝对值越大，投资效率越低
控制变量	公司规模	*SIZE*	期末总资产的自然对数
	财务杠杆	*LEV*	期末总负债除以期末总资产
	现金持有率	*CASH*	期末货币资金除以期末总资产
	固定资产比例	*TANG*	期末固定资产净额除以期末总资产
	独立董事比例	*INDR*	董事会中独立董事的比例
	董事会规模	*BSIZE*	董事会人数的自然对数
	监事会规模	*JSIZE*	监事会人数的自然对数
	上市年限	*AGE*	截至本年公司上市年数的自然对数
	国有股权比例	*GS*	国有股股数除以公司总股数
	股权集中度	*SHRCR*	第一大股东持股比例
	行业	*INDUSTRY*	行业虚拟变量
	年度	*YEAR*	年度虚拟变量

8.3 实证分析与结果描述

8.3.1 样本选择

2005 年新修订的《公司法》第一百一十七条规定：公司应当定期向股东披露董事、监事、高级管理人员从公司获得报酬的情况。此次修订首次对我国上市公司高管人员的信息、薪酬的明细及总额作出了强制性披露要求。为能完整地获取上市公司高管及其薪酬的详细数据，识别出关键下属高管，进而对 CEO 与关键下属高管的薪酬差距进行测算，本书选取 2006 年至 2017 年我国 A 股上市公司作为初选样本，并根据研究惯例及本书研究需要剔除以下样本：（1）金融保险类公司。（2）被 ST 或 *ST 的公司。（3）高管团队少于 5 人的公司。（4）CEO 与关键下属高管的薪酬差距为零和负值的公司。（5）关键数据缺失的公司。最终获得 14346 个样本观测值。上市公司 CEO 与关键下属高管名单及其薪酬等数据主要来源于 CSMAR 数据库和 Wind 数据库，并以借助新浪财经和百度搜索引擎手工收集的相关信息作为补充，其余数据来源于 CSMAR 数据库或经过手工计算整理而得。本书参照中国证监会《上市公司行业分类指引》进行行业分类，除制造业采取二级行业分类外，其他行业均采取一级行业分类。本书主要运用 EXCEL 和 STATA 分析软件进行数据处理和统计分析。为减轻异常值的影响，所有连续变量都在 1% 和 99% 的水平上进行了缩尾处理。

8.3.2 描述统计性

表 8－2 列示了模型（8－1）各变量的描述性统计结果。由该表可知，被解释变量（*Tobin's Q*）的均值是 2.278，中位数是 1.708，

标准差是1.985，最小值是0.182，最大值是11.388，这表明我国上市公司的价值存在明显的差异。解释变量（*GAP*）的均值是11.900，中位数是11.858，标准差是1.065，最小值是9.210，最大值是14.730，这说明在中国上市公司中，CEO与关键下属高管之间存在一定的薪酬差距，但是这种薪酬差距在不同公司之间呈现较大差异。

表8-2 描述性统计

变量名称	观察值	均值	中位数	标准差	最小值	最大值
Tobin's Q	14346	2.278	1.708	1.985	0.182	11.388
GAP	14346	11.900	11.858	1.065	9.210	14.730
SIZE	14346	21.898	21.714	1.309	19.401	26.472
LEV	14346	0.443	0.439	0.220	0.047	0.979
CASH	14346	0.197	0.152	0.151	0.005	0.723
TANG	14346	0.230	0.196	0.172	0.002	0.743
INDR	14346	0.369	0.333	0.051	0.300	0.571
BSIZE	14346	2.167	2.197	0.201	1.609	2.708
JSIZE	14346	1.280	1.099	0.279	1.099	2.197
AGE	14346	1.958	2.197	0.912	0.000	3.178
GS	14346	0.085	0.000	0.176	0.000	0.707
SHRCR	14346	0.354	0.335	15.102	0.085	0.752

在控制变量方面，公司规模（*SIZE*）的均值是21.898，中位数是21.714；财务杠杆（*LEV*）的均值是0.443，中位数是0.439；现金持有率（*CASH*）的均值是0.197，中位数是0.152；固定资产比例（*TANG*）的均值是0.230，中位数是0.196；独立董事比例（*INDR*）的均值是0.369，中位数是0.333；董事会规模（*BSIZE*）的均值是2.167，中位数是2.197；监事会规模（*JSIZE*）的均值是

1.280，中位数是1.099；上市年限（*AGE*）的均值是1.958，中位数是2.197；国有股权比例（*GS*）的均值是0.085，中位数是0.000；股权集中度（*SHRCR*）的均值是0.354；中位数是0.335。对比以往研究可知，本书样本数据的分布较为合理。

8.3.3 相关性分析

表8-3列示的是模型（8-1）中各变量之间的相关系数。根据表8-3可知，解释变量（*GAP*）与被解释变量（*Tobin's Q*）之间的相关系数是0.042，且在1%水平上显著。这为关键高管薪酬差距与企业价值之间的正相关关系提供了初步证据，表明关键高管薪酬差距越大，越能对CEO和关键下属高管进行监督和激励，抑制其短视的机会主义行为，促使其从公司的长远角度考虑，进而提高公司价值。在控制变量方面，现金持有率（*CASH*）、独立董事比例（*INDR*）与被解释变量（*Tobin's Q*）之间的相关系数显著为正，这说明，现金持有率高的公司和独立董事较多的公司，其价值相对较高。然而，公司规模（*SIZE*）、财务杠杆（*LEV*）、固定资产比例（*TANG*）、董事会规模（*BSIZE*）、监事会规模（*JSIZE*）、上市年限（*AGE*）、国有股权比例（*GS*）、股权集中度（*SHRCR*）与被解释变量（*Tobin's Q*）显著负相关，这说明，规模较大的公司，其价值未必较高；当财务杠杆和固定资产比例增加时，公司价值可能下降；董事会和监事会的规模的扩大，可能不利于公司价值的增加；上市时间长的公司，其价值可能低于新上市公司；国有股权比例和股权集中度的增加可能会损害公司价值。此外，本书还发现，大多数控制变量与被解释变量（*Tobin's Q*）的相关系数都在1%的置信水平上显著，这在一定程度上说明本书控制变量的选取具有一定的代表性。另外，各控制变量两两之间的相关系数均小于0.5，这说明模型（8-1）的各变量之间不存在严重的多重共线性问题。

表 8 – 3　　　　Pearson 相关系数表

	Tobin's Q	*GAP*	*SIZE*	*LEV*	*CASH*	*TANG*	*INDR*	*BSIZE*	*JSIZE*	*AGE*	*GS*	*SHRCR*
Tobin's Q	1											
GAP	0.042***	1										
SIZE	-0.478***	0.250***	1									
LEV	-0.433***	-0.035***	0.443***	1								
CASH	0.249***	0.068***	-0.228***	-0.436***	1							
TANG	-0.139***	-0.179***	-0.005	0.084***	-0.368***	1						
INDR	0.045***	0.035***	0.033***	-0.016*	0.012	-0.060***	1					
BSIZE	-0.181***	-0.030***	0.273***	0.183***	-0.059***	0.112***	-0.460***	1				
JSIZE	-0.193***	-0.077***	0.303***	0.251***	-0.140***	0.160***	-0.118***	0.387***	1			
AGE	-0.272***	0.040***	0.324***	0.413***	-0.400***	0.126***	-0.018**	0.087***	0.199***	1		
GS	-0.085***	-0.175***	0.092***	0.119***	-0.042***	0.143***	-0.073***	0.195***	0.259***	-0.002	1	
SHRCR	-0.069***	-0.071***	0.154***	0.018**	0.028***	0.050***	0.046***	-0.007	0.040***	-0.116***	0.269***	1

注：***、** 和 * 分别表示在 0.01、0.05 和 0.1 的水平上显著相关。

8.3.4 多元回归分析

表8-4列示了模型（8-1）的多元回归结果。由此表可知，被解释变量公司价值（*Tobin's Q*）与解释变量关键高管薪酬差距（*GAP*）的回归系数在1%水平上显著为正，支持了本章提出的假设。这一结果表明，关键高管薪酬差距越大，即CEO与关键下属高管之间的薪酬差距越大，越能促使关键下属高管始终保持强烈的获胜动机，为保持关键下属高管个人利益与公司利益的一致性提供长且强的激励。换言之，在与CEO之间薪酬差距的激励下，关键下属高管一方面会竭尽所能地工作，另一方面会监督其他关键高管的机会主义行为，从而提升公司价值。在控制变量方面，考虑其他因素的影响后，公司规模（*SIZE*）、财务杠杆（*LEV*）、固定资产比例（*TANG*）、上市年限（*AGE*）的回归系数显著为负，这表明，规模大、负债水平高、固定资产多、上市时间长的公司，其价值很可能不高。然而，考虑其他因素的影响后，现金持有率（*CASH*）、独立董事比例（*INDR*）、董事会规模（*BSIZE*）、监事会规模（*JSIZE*）、国有股权比例（*GS*）、股权集中度（*SHRCR*）的回归系数显著为正，这说明，现金持有较多的公司，其价值很可能较大；独立董事、董事会以及监事会规模的增加，可以提高公司价值；扩大国有股权比例和大股东持股比例有利于企业价值的提升。

表8-4　　　　主测试的回归结果（1）

变量	*Tobin's Q*	
	系数	T值
GAP	0.195***	15.50
SIZE	-0.733***	-55.23
LEV	-1.483***	-19.63

续表

变量	*Tobin's Q*	
	系数	T 值
CASH	0.266**	2.56
TANG	-1.010***	-11.04
INDR	1.913***	7.04
BSIZE	0.276***	3.59
JSIZE	0.187***	3.68
AGE	-0.067***	-4.10
GS	0.409***	4.88
SHRCR	0.470***	5.27
Constant	13.994***	43.87
行业	控制	
年度	控制	
Adj. R^2	0.474	
N	14346	

注：***、** 和 * 分别表示在 0.01、0.05 和 0.1 水平上显著，T 值均经过 robust 调整。

表 8-5 列示了模型（8-2）的多元回归结果。由此表可知，在模型（8-2）中，关键高管薪酬差距（*GAP*）的回归系数显著为正，再次验证了本章提出的假设 1。本书利用非效率投资来度量投资效率，而在模型（8-2）中，投资效率（*INVEFF*）的回归系数显著为负，说明非效率投资降低了公司价值，这与以往研究相符。关键高管的薪酬差距（*GAP*）与投资效率（*INVEFF*）的交乘项（*GAP*×*INVEFF*）的回归系数显著为正，这说明，关键高管薪酬差距通过抑制非效率投资增加了公司价值，即关键高管薪酬差距对投资效率的影响具有提升公司价值的经济效应。

表 8-5　　主测试的回归结果（2）

变量	*Tobin's Q*	
	系数	系数
GAP	0.162***	8.93
INVEFF	-27.726*	-1.65
GAP×INVEFF	3.200**	2.29
SIZE	-0.664***	-47.57
LEV	-1.438***	-18.04
CASH	0.974***	7.85
TANG	-0.939***	-9.89
INDR	1.368***	4.74
BSIZE	0.266***	3.27
JSIZE	0.183***	3.47
AGE	0.061**	2.56
GS	0.304***	3.20
SHRCR	0.515***	5.41
Constant	12.804***	35.11
行业	控制	
年度	控制	
Adj. R^2	0.447	
N	10854	

注：***、**和*分别表示在0.01、0.05和0.1水平上显著，T值均经过robust调整。

8.3.5 进一步分析

（1）考虑关键下属高管晋升动力的差异

根据Hambrick and Mason（1984）提出的高层梯队理论，高管的异质性特征影响其行为，进而影响企业决策及决策效果。在高管最基本的个人特征中，年龄差异是比较明显的（李四海等，2015）。

既然年龄影响高管的行为决策，那么CEO与关键下属高管薪酬差距之激励和监督效应的发挥，应该受到关键下属高管年龄的影响。年龄较大的高管更容易获得公司权力（Hill and Phan，1991），具有更多社会资本，更可能影响薪酬契约的执行（李四海等，2015）。但是，在关键下属高管层面，年龄较大的高管晋升为CEO的竞争优势和晋升动力低于年龄较小的关键下属高管，甚至低于其他高管。因此，从高管异质性层面看，关键下属高管的年龄对关键高管薪酬差距与公司价值的关系具有重要影响。对此，本书构建模型（8－3），从关键下属高管年龄的角度，考察不同的晋升动力下关键高管薪酬差距对企业价值的影响是否存在差异。

$$Tobin's\ Q_{i,t} = \alpha_0 + \alpha_1 GAP_{i,t} + \alpha_2 KGOLD_{i,t} + \alpha_3 GAP_{i,t} \times KGOLD_{i,t} \sum \alpha_{j+3} X_{i,t} + \varepsilon_{i,t} \quad (8-3)$$

其中，*Tobin's Q* 表示公司价值；*GAP* 表示关键高管之间的薪酬差距；*KGOLD* 表示关键下属高管的年龄，取值为关键下属高管的平均年龄；*GAP*×*KGOLD* 表示关键高管薪酬差距（*GAP*）与关键下属高管年龄（*KGOLD*）的交乘项；*X* 表示控制变量。

根据表8－6可知，在模型（8－3）中，关键高管薪酬差距（*GAP*）的回归系数显著为正，关键下属高管年龄（*KGOLD*）的回归系数也显著为正，但是两者的交乘项（*GAP*×*KGOLD*）却显著为负。这说明，年龄较大的关键下属高管具有一定的社会资本和管理经验，本身能够提高企业价值。但是，年龄较小的关键下属高管具有更强的晋升动力，在与CEO薪酬差距的激励下，更有可能将自身利益与企业长远利益保持一致，也就更可能创造公司价值。

（2）考虑关键下属高管晋升阻力的影响

虽然CEO和关键下属高管构成了高管团队中的核心圈，但是CEO仍然是高管团队中权力最大的人，在业绩低劣时，CEO能否被有效地更换还取决于CEO拥有权力的大小（刘星等，2012）。

表 8-6　　进一步测试（1）的回归结果

变量	模型（8-3）	
	系数	T 值
GAP	2.718***	3.41
KGOLD	11.127***	4.02
GAP×*KGOLD*	-0.656***	-3.17
SIZE	-0.735***	-55.37
LEV	-1.481***	-19.60
CASH	0.260**	2.50
TANG	-1.021***	-11.15
INDR	1.890***	6.96
BSIZE	0.270***	3.51
JSIZE	0.189***	3.73
AGE	-0.067***	-4.13
GS	0.411***	4.90
SHRCR	0.467***	5.24
Constant	-28.557***	-2.70
行业	控制	
年度	控制	
Adj. R^2	0.474	
N	14346	

注：***、**和*分别表示在0.01、0.05和0.1水平上显著，T值均经过robust调整。

CEO权力较大时，具有较强的堑壕动机进行盈余操纵（黎文靖和卢锐，2007；周冬华，2014），进而降低了CEO变更的业绩敏感性。CEO获取了对公司的重要控制权之后，随着其权力的积累与增强，在自利动机的驱使下可能会进一步扩大寻租空间，通过各种渠道削弱董事会对其监管（Hermalin and Weisbach，1998）。此外，权力较大的 CEO 可能通过对企业关键资源的控制和积累进行专有性人力资本投资，在强化其不可替代性的同时必然会相应增加董事会对其解雇成本。因此，关键下属高管对 CEO 横向监督的效果，一方面受到关键下属高管与 CEO 之间薪酬差距产生的激励作用的影响，另一方面又会受到 CEO 权力的堑壕阻碍。然而，最终的监督效应如何则取决于两者之间博弈的结果。为解答这一问题，本书构建模型（8 -4）。

$$Tobin's\ Q_{i,t} = \alpha_0 + \alpha_1 GAP_{i,t} + \alpha_2 CEOPOWER_{i,t} + \alpha_3 GAP_{i,t} \times CEOPOWER_{i,t} \sum \alpha_{j+3} X_{i,t} + \varepsilon_{i,t} \quad (8-4)$$

其中，*Tobin's Q* 表示公司价值；*GAP* 表示关键高管之间的薪酬差距；*CEOPOWER* 表示 CEO 权力，用 CEO 是否兼任董事长度量，如果 CEO 兼任董事长，则说明 CEO 拥有的权力较大，否则，则反之；*GAP* × *CEOPOWER* 表示关键高管薪酬差距（*GAP*）与 CEO 权力（*CEOPOWER*）的交乘项；*X* 表示控制变量。

根据表 8 -7 可知，在模型（8 -4）中，关键高管薪酬差距（*GAP*）与 CEO 权力（*CEOPOWER*）的交乘项（*GAP* × *CEOPOWER*）的回归系数显著为负。这说明，关键高管薪酬差距对企业价值的提升作用受到关键下属高管晋升阻力的影响，当 CEO 权力较大时，也即 CEO 兼任董事长时，关键下属高管的晋升阻力增加，关键高管薪酬差距的激励和监督效应减弱。

表 8 -7　　　　进一步测试（2）的回归结果

变量	模型（8 -4）	
	系数	T 值
GAP	0.209***	14.49
CEOPOWER	0.622*	1.86
GAP × *CEOPOWER*	-0.052*	-1.89
SIZE	-0.733***	-54.91

续表

变量	模型（8-4）	
	系数	T值
LEV	-1.483***	-19.45
CASH	0.268**	2.56
TANG	-0.999***	-10.85
INDR	1.929***	7.07
BSIZE	0.283***	3.65
JSIZE	0.194***	3.79
AGE	-0.067***	-4.01
GS	0.402***	4.75
SHRCR	0.481***	5.36
Constant	13.809***	41.37
行业	控制	
年度	控制	
Adj. R^2	0.474	
N	14262	

注：***、**和*分别表示在0.01、0.05和0.1水平上显著，T值均经过robust调整。

8.3.6 稳健性测试

(1) 替换关键高管薪酬差距的度量方式

主测试中本书采用CEO与关键下属高管之间的绝对薪酬差额来度量关键高管薪酬差距，然而不同行业之间的CEO与关键下属高管之间的薪酬差距是存在差异的。具体地，相较于薪酬整体水平更低的行业，薪酬整体水平更高的行业的CEO与关键下属高管薪酬差距的绝对数额更大。为排除这一情况对本书研究结果可能产生的影响，本书将样本公司的关键高管薪酬差距均减去行业均值，构建新的关键高管薪酬差距指标 *GAP_IND*，重新对模型（8－1）进行回归分析，回归结果如表 8－8 所示，与主测试的回归结果基本一致。

表 8－8　　稳健性测试（1）的回归结果

变量	模型（8－1）	
	系数	T 值
GAP_IND	0.189***	14.87
SIZE	－0.730***	－55.03
LEV	－1.488***	－19.68
CASH	0.264**	2.54
TANG	－1.020***	－11.14
INDR	1.909***	7.02
BSIZE	0.274***	3.56
JSIZE	0.186***	3.65
AGE	－0.067***	－4.13
GS	0.412***	4.90
SHRCR	0.460***	5.15
Constant	16.046***	51.65
行业	控制	
年度	控制	
Adj. R^2	0.473	
N	14346	

注：***、** 和 * 分别表示在 0.01、0.05 和 0.1 水平上显著，T 值均经过 robust 调整。

（2）替换公司价值的度量方式

在主测试中，本书以 *Tobin's Q* 值度量公司价值，借鉴李英利和谭梦卓（2019）的研究经验，以会计业绩 *ROA* 替换 *Tobin's Q* 来度量公司价值，并重新对模型（8－1）进行回归分析，回归结果如表 8－9 所示，与主测试的回归结果基本一致。

表 8-9　　稳健性测试（2）的回归结果

变量	模型（8-1）	
	系数	T 值
GAP	0.008***	20.57
SIZE	0.009***	21.50
LEV	-0.108***	-46.68
CASH	0.019***	5.84
TANG	-0.033***	-11.54
INDR	-0.032***	-3.79
BSIZE	0.002	0.89
JSIZE	0.003*	1.75
AGE	-0.005***	-9.73
GS	-0.006**	-2.18
SHRCR	0.031***	11.10
Constant	-0.191***	-19.25
行业	控制	
年度	控制	
Adj. R^2	0.285	
N	14346	

注：***、** 和 * 分别表示在 0.01、0.05 和 0.1 水平上显著，T 值均经过 robust 调整。

（3）解决异方差问题

本书在公司层面与年度层面对模型（8-1）中各变量回归系数的标准误差进行 cluster 处理，用以缓解截面相关及时间序列相关导致的异方差问题，具体回归结果如表 8-10 所示。根据该表可知，在公司和年度层面均进行 cluster 处理后，关键高管薪酬差距的回归系数仍在 1% 水平上显著为正，这表明本书主测试的实证结果比较可靠。

表 8-10　　稳健性测试（3）的回归结果

变量	模型（8-1）	
	系数	T 值
GAP	0.195***	14.39
SIZE	-0.733***	-35.46
LEV	-1.483***	-13.71
CASH	0.266**	2.12
TANG	-1.010***	-11.33
INDR	1.913***	6.69
BSIZE	0.276***	3.48
JSIZE	0.187***	3.97
AGE	-0.067***	-3.55
GS	0.409***	5.29
SHRCR	0.470***	5.36
Constant	13.994***	35.87
行业	控制	
年度	控制	
Adj. R^2	0.474	
N	14346	

注：***、** 和 * 分别表示在 0.01、0.05 和 0.1 水平上显著，T 值均经过 robust 调整。

（4）解决内生性问题

本书可能存在因遗漏变量或互为因果而造成的内生性问题，对此，运用工具变量法进行解决。本书选取关键高管薪酬差距的滞后一期（*IV*1）和行业年度均值（*IV*2）作为工具变量，理论上讲，这两个工具变量应该与关键高管薪酬差距强相关而与当期的公司价值无关。本书运用两阶段最小二乘法（2SLS）进行回归，并检验了工具变量的相关性和外生性，结果见表 8-11。根据表 8-11 可知，在第一阶段的回归结果中，两个工具变量的回归系数均显著为正，且一阶段 F 值为 565.68，说明工具变量的选择满足相关性要求。此外，工具变量的过度识别检验结果显示 P 值为 1.067，故无法拒绝

"所有工具变量均外生"的原假设，意味着本书的两个工具变量均满足外生性要求。在第二阶段的回归结果中，关键高管薪酬差距（*GAP*）的回归系数为0.209，且在1%的水平上显著，表明在处理了内生性问题后，本书的主要结论仍然成立。

表8-11 稳健性测试（4）的回归结果

变量	第一阶段		第二阶段	
	系数	T值	系数	T值
GAP			0.209***	11.65
*IV*1	0.827***	122.64		
*IV*2	0.276***	5.54		
SIZE	0.039***	6.00	-0.690***	-27.82
LEV	-0.037	-1.02	-1.646***	-13.04
CASH	0.174***	3.60	0.294**	2.02
TANG	-0.049	-1.13	-1.061***	-10.27
INDR	-0.009	-0.07	1.890***	5.65
BSIZE	-0.078**	-2.19	0.274***	2.88
JSIZE	-0.057***	-2.48	0.018	0.77
AGE	0.015*	1.88	0.442***	4.55
GS	-0.044	-1.07	0.208***	3.74
SHRCR	-0.002***	-4.14	0.004***	3.80
Constant	-1.739***	-2.90	13.784***	28.78
行业	控制		控制	
年度	控制		控制	
Adj. R^2	0.751		0.464	
N	9618		9618	
工具变量有效性检验				
第一阶段F值=565.68（p=0.0000）				
过度识别检验Score chi2（1）=3.367（p=1.067）				

注：***、**和*分别表示在0.01、0.05和0.1水平上显著，T值均经过robust调整。

本章总结

在第5章、第6章、第7章中，本书检验了关键高管薪酬差距对投资效率的具体影响和作用机制。本章则从公司价值角度分析关键高管薪酬差距影响投资效率而产生的经济后果。具体地，以2006年至2017年我国A股非金融类上市公司为样本，考察关键高管薪酬差距对公司价值的影响以及关键高管薪酬差距对投资效率影响的价值效应检验。实证结果显示：（1）在其他条件既定的情况下，关键高管的薪酬差距越大，激励效应和横向监督效应越强，CEO与关键下属高管均将更加努力地工作，最终促使公司价值的提升。（2）进一步研究发现，关键高管薪酬差距的激励效应和监督效应发挥如何，需要考虑关键下属高管的年龄问题。当关键下属高管整体较为年轻时，与CEO之间的薪酬差距产生的激励效应和监督效应就更强，更有利于提高公司价值。（3）在CEO层面，关键高管薪酬差距产生激励效应和监督效应能否提高公司价值，还要考虑CEO的权力，如果CEO权力较大，则很可能抑制关键高管薪酬差距的治理效用，即当CEO权力较大时，关键高管薪酬差距难以增加公司价值。（4）投资效率与公司价值密切相关，价值效应分析表明，关键高管薪酬差距通过提高投资效率进而提升公司价值。即关键高管薪酬差距影响投资效率产生的一个重要的经济后果就是增加了公司价值。（5）通过各稳健性测试，包括替换关键高管薪酬差距和公司价值的度量方式，进行cluster处理以缓解截面相关及时间序列相关问题，运用工具变量法解决内生性问题，我们发现本章主测试的结论较为可靠。

第9章　研究结论与政策建议

9.1　研究结论与展望

9.1.1　本书研究结论

从宏观层面看，投资仍然是推动我国经济高质量发展的重要力量；从微观层面看，大部分的企业财富是由投资而产生的，企业的经营业绩和经营风险与投资决策密切相关。因此，在企业经营活动中，投资决策是最重要的决策行为之一，并且投资决策是统领融资决策、股利分配决策及其他决策的首要决策。本书则在我国经济高质量发展的背景下，从CEO和关键下属高管组成的关键高管薪酬差距视角下，探究设计针对“关键少数”的薪酬结构如何提高企业的投资效率。首先，对关键高管在薪酬差距激励下的行为进行分析，厘清关键高管薪酬差距对企业投资效率的具体影响、作用机制和经济后果并构建理论原型。其次，以构建的理论原型为基础，结合我国的资本市场环境及制度背景，梳理出相关的研究命题，根据研究命题建立假设，收集研究样本，建立检验模型。最后，以2006年至2017年我国A股非金融类上市公司为样本进行实证检验，根据实证检验结果得出相应的研究结论。本书根据理论分析和实证检验结果得到了以下四个方面的研究结论。

（1）关键高管薪酬差距对企业投资效率的具体影响

研究结果显示：①在其他条件既定的情况下，关键高管薪酬差距，也即CEO与关键下属高管之间的薪酬差距能够激励关键高管从企业长远价值层面作出并执行投资决策。具体地，一方面，关键高管薪酬差距加强了关键高管之间的相互监督；另一方面，关键高管薪酬差距促使关键高管更加努力地工作。因此，关键高管薪酬差距越大，上市公司的投资效率越高。②进一步研究发现，关键高管薪酬差距主要是通过抑制过度投资来提升上市公司的投资效率，对投资不足的影响不明显。这是由于企业高管通常具有过度投资的冲动，特别是CEO，很可能通过“经理人帝国”的构建来夯实自身的地位。那么，关键下属高管自然会加强对过度投资的监督，进而提升投资效率。③通过比较关键高管薪酬差距和整个高管团队内部的薪酬差距对投资效率的影响，进一步证实了关键高管对企业投资决策起到了“关键”的作用。④不同条件下，关键高管薪酬差距作用的发挥存在差异。在关键下属高管薪酬低于行业内关键下属高管平均薪酬时，关键高管薪酬差距对投资效率具有显著的提升作用。但是，当关键下属高管薪酬高于行业内关键下属高管平均薪酬时，关键高管薪酬差距对投资效率的提升作用不明显。⑤市场竞争是外部治理机制，关键高管薪酬差距是内部激励机制。当这两种治理机制同时存在时，两者对企业投资效率的影响存在替代效应。即当外部市场竞争程度较高时，关键高管薪酬差距不能显著提高企业的投资效率。⑥通过各稳健性测试，包括替换关键高管薪酬差距和投资效率的度量方式，进行cluster处理以缓解截面相关及时间序列相关问题，运用工具变量法解决内生性问题，得到的研究结论与主测试基本一致。

（2）关键高管薪酬差距影响企业投资效率的作用机制——CEO变更视角

研究结果显示：①在其他条件既定的情况下，公司业绩越差，CEO 发生变更的可能性越大，关键高管薪酬差距对 CEO 变更具有推进作用，但是作用不明显。然而，公司业绩与关键高管薪酬差距的交乘项与 CEO 变更显著负相关。即当公司业绩较差时，在薪酬差距的激励下，关键下属高管对 CEO 的监督作用能够得到更有效的发挥，更可能促使业绩低劣的 CEO 被更换。②进一步研究发现，关键下属高管对 CEO 的监督作用，不仅受其监督意愿的影响，还受其监督能力的影响。当关键下属高管中存在董事会成员时，关键下属高管在董事会层面就具有一定的话语权。在与 CEO 之间薪酬差距的激励作用下，关键下属高管就更有能力监督 CEO，当 CEO 任职期间的经营业绩较差时，CEO 被更换的概率就更大。③然而，CEO 也会为自己任职期间较差的经营业绩进行辩护，外部环境的影响则是 CEO 可能寻求的一个理由。在经济政策不确定性较高时，关键高管薪酬差距对更换业绩低劣的 CEO 发挥的作用较弱就证实了这一点。④在公司中，董事会对 CEO 的纵向监督和关键下属高管对 CEO 的横向监督同时存在，这两种监督模式相辅相成。董事会对 CEO 有效的纵向监督可以促进关键下属高管对 CEO 监督作用的发挥。⑤通过各稳健性测试，包括替换关键高管薪酬差距和公司业绩的度量方式，进行 cluster 处理以缓解截面相关及时间序列相关问题，运用固定效应模型解决内生性问题，得到的研究结论与主测试基本一致。

（3）关键高管薪酬差距影响企业投资效率的作用机制二——盈余管理视角

研究结果显示：①在其他条件既定的情况下，关键高管薪酬差距，即 CEO 与关键下属高管之间的薪酬差距能够激励关键下属高管对 CEO 和其他关键下属高管进行监督，抑制 CEO 和其他关键下属高管的盈余操纵行为，进而降低企业的应计盈余管理水平和真实盈余管理水平，缓解企业信息不对称。②进一步研究发现，通过比较关键高管薪酬差距和整个高管团队内部的薪酬差距对盈余管理的影响，证实了关键高管对抑制企业的盈余管理起到了“关键”的作用。此外，高管团队内部的其他非关键高管对抑制企业的真实盈余管理也有重要作用。③外部监督和关键高管横向监督在降低企业盈余管理水平上存在替代效应。具体地，当上市公司由国际四大会计师事务所审计时，关键高管的横向监督在抑制应计盈余管理水平上发挥的作用不再显著；在真实盈余管理方面，关键高管横向监督与外部监督均有显著的抑制作用。④内部控制通过强化对管理层权力的制衡，避免管理层利用激进的会计处理方法谋求私利的机会主义行为，而关键高管薪酬差距正是通过提高企业的内部控制质量来提高财务报告的盈余信息质量。因此，内部控制质量是关键高管薪酬差距影响盈余管理的主要路径。⑤通过各稳健性测试，包括替换关键高管薪酬差距和盈余管理的度量方式，进行 cluster 处理以缓解截面相关及时间序列相关问题，运用工具变量法解决内生性问题，得到的研究结论与主测试基本一致。

（4）关键高管薪酬差距影响企业投资效率的经济后果——企业价值视角

研究结果显示：①在其他条件既定的情况下，关键高管的薪酬差距越大，激励效应和横向监督效应越强，CEO 与关键下属高管均将更加努力地工作，最终促进公司价值的提升。②进一步研究发现，关键高管薪酬差距的激励效应和监督效应发挥如何，需要考虑关键下属高管的年龄问题。当关键下属高管整体较为年轻时，与 CEO 之间的薪酬差距产生的激励效应和监督效应就更强，更有利于提高公司价值。③在 CEO 层面，关键高管薪酬差距产生激励效应和监督效应能否提高公司价值，还要考虑 CEO 的权力，如果 CEO 权力较大，则很可能抑制关键高管薪酬差距的治理效用，即当 CEO 权力较大时，关键高管薪酬差距难以增加公司价值。④投资效率与公司价值密切相关，价值效应分析表明，关键高管薪酬差距通过提高投资效率进而提升公司价值。即关键高管薪酬差距影响投资效率产生的一个重要的经济后果就是增加了公司价值。⑤通过各稳健性测试，包括替换关键高管薪酬差距和公司价值的度量方式，进行cluster处理以缓解截面相关及时间序列相关问题，运用工具变量法解决内生性问题，得到的研究结论与主测试基本一致。

综上所述，本书对关键高管在薪酬差距激励上表现的行为进行理论分析后，推导演绎关键高管薪酬差距对企业投资的治理效应，并以我国上市公司为样本，从具体影响、作用机制和经济后果三个方面，运用实证检验对这一治理效应展开深入剖析。总之，本书的研究结论在关键高管层面丰富了高管团队理论，拓展了薪酬激励领域的研究，也为未来与之相关的研究指出了进一步的方向。

9.1.2 未来研究方向

本书将薪酬差距领域相关问题研究的视角从以往研究中的高管团队内部整体的薪酬差距、高管与员工的薪酬差距以及外部薪酬差距转移到高管团队中的“关键少数”，即CEO与关键下属高管，继而讨论关键高管薪酬差距对企业投资的治理效应。这是因为，有效的薪酬激励机制能够降低交易成本，提高企业价值，而投资则是提升企业价值的重要桥梁。但是，囿于研究篇幅及个人研究能力，仍存在一些有意义的话题未能在本书中悉数探讨，这有待未来进一步研究。

第一，本书研究的薪酬差距是基于高管的货币薪酬度量的，实际上，薪酬的概念范围比较广泛，企业支付给管理者的薪酬，可能既包括货币薪酬，又包括非货币薪酬。现实中，有部分上市公司的高管薪酬可能更多是以股权激励等非货币形式而存在的。因此，仅考虑年报中披露的货币薪酬数据可能无法准确地反映关键高管获得的全部薪酬，进而不能准确计量薪酬差距。在未来的研究中，在度量薪酬差距时可以将股权激励等非货币薪酬考虑在内，这样可以更加准确地观测管理层之间实际的薪酬差距，进而能够更为准确地分析薪酬激励机制对高管行为的真实影响，以期能够发现薪酬激励机制产生的更为真实的治理效果。

第二，本书以薪酬为基础来识别高管成员是否关键，尽管薪酬是相对比较能够综合反映高管能力或权力的指标，但一名高管在高管团队中是否关键，可能取决于他（或她）的年龄、学历、专业知识和职位等多种因素。未来可以考虑综合多方面的因素，构建一个更为贴切的指标来衡量高管团队成员是否关键，或者利用调研的方式，从上市公司那里获取更为精确的关键高管构成信息。另外，本书统一界定了关键下属高管的组成人数，未来可以根据每家上市公司的不同情况，精准确定关键下属高管的构成。

第三，关键高管薪酬差距对 CEO 和关键下属高管行为的影响可能多种多样，本书仅研究了对企业投资的治理效应，虽然从投资效率、CEO 变更、盈余管理和企业价值四个方面展开，但是这些研究视角可能还不够全面。在未来的研究中，一方面，可以从 CEO 变更后，继任 CEO 的人选问题以及不同来源的 CEO 行为差异问题等其他方面来更加详细和深入地对关键高管薪酬差距如何影响企业投资进行探讨。另一方面，除了从企业的投资层面考察关键高管薪酬差距产生的治理效应外，还可以从企业的融资层面、利润分配层面、生产经营等层面拓展对关键高管薪酬差距治理效应的认识。此外，本书主要通过多元线性或逻辑回归来进行实证研究，但这不可避免地会产生一些内生性问题，虽然本书运用固定效应模型和工具变量法予以解决，但是仍可能存在一定的遗憾。在未来的研究中，如果能找到更合适的自然事件，就可以运用自然事件法来考察关键高管薪酬差距对 CEO 和关键下属高管行为的影响，这样或许能够得到更加稳健的研究结论。

9.2 政策建议

基于对薪酬差距下关键高管行为的分析，本书从企业投资层面研究了关键高管薪酬差距的治理效应，并进行了实证检验与分析，得到了相应的研究结论。在本书研究结论的基础上，结合我国的经济环境和制度背景，有针对性地提出以下几点政策建议：

9.2.1 优化薪酬体系，合理设定内部薪酬差距

在一定的范围内拉开关键高管之间的薪酬差距确实能够促使CEO与关键下属高管积极改善企业的日常经营状况，因此在管理层内部保持适当的薪酬差距是非常必要的。但是，企业在产权性质、经营环境、治理结构、人力资本等方面存在诸多差异，企业在设定内部薪酬差距时不能只考虑单一因素，而是要结合自身情况将多种因素共同考虑在内。企业内部的薪酬差距问题关系到企业的日常经营和未来发展，是整个薪酬体系中的重要组成部分。

本书研究发现针对CEO和关键下属高管设定的薪酬激励可以更为有效地激发他们的工作潜力，促使其个人利益与公司长远利益保持一致，提高资源配置效率。因此，要大力探索高管人员差异化薪酬管理，按照市场化选聘、契约化管理、差异化薪酬、市场化退出的原则，积极推进经理人员多元化、个性化的薪酬分配机制改革；积极推动中长期激励有效开展，构建多元化激励机制，将短期激励与中长期激励相结合，努力激发核心骨干人才的积极性。企业设定薪酬差距可以根据实际需要进行调整，可以参考以下标准：是否有利于促进企业生产效率的增长、是否有利于促进薪酬资源配置效率的提高、是否有利于提升企业价值等。还应加强薪酬激励的信息披露，改进薪酬的信息披露有助于股东了解高管人员契约的设计

与执行，便于对高管薪酬激励及其效果的监督。可以要求提交薪酬委员会报告，详细披露对高管人员的薪酬设计状况、考核和评价情况，对公司的薪酬政策以及高管的薪酬水平与公司业绩的相关性作出解释。

此外，在强化正向激励的同时，要深入考虑业绩指标如何与个人的薪酬及职位考核挂钩，高管的行为如何影响这些指标，明确绩效评价的操作程序与办法。还要坚持高质量发展考核导向，紧扣高质量发展目标要求，健全业绩考核体制机制，完善业绩考核指标体系，强化科技创新、价值创造、先进供给导向，实现核心竞争能力稳步提升；实施差异化分类考核，根据所属企业战略定位、发展阶段、行业特点等深入推进分类考核，以进一步提高业绩考核的科学性有效性；加大对结构调整专项考核力度，加强考核引导，运用市场化手段，深入推进供给侧结构性改革与转型升级。

9.2.2 强化监管机制，提升治理结构的有效性

随着市场竞争日益激烈，企业赋予高管人员的经营自主权越来越多，这就为高管人员权力寻租，攫取私有收益提供了可能，为此必须强化监管，优化企业内部权力配置，培育相应的权力约束和监督机制，实现企业内部权力制衡，以促进股东与管理层之间实现激励相容，为内部薪酬差距发挥激励作用提供更大的空间。内部治理机制是公司治理机制中非常重要的问题，是为了使高管能够为股东利益服务的基本制度安排。我国企业的内部治理架构主要由大股东、董事会以及高管组成。其中，董事会受托于大股东，在公司治理中处于核心地位，对高管进行监督和约束。那么，规范董事会的运行、完善高管的激励机制对约束高管的行为就非常重要。首先需要规范董事会的运作，强化权力的制衡。这就要求按照规定建立健全董事会制度、强化董事会的职责、完善其决策与监督的功能，从过程、结果和风险三个方面对董事会进行评价，以提高董事会对高

管的制约能力。其次，要对董事会和高管的职责权限作出明确的界定，适当地扩大董事会的重大事项决定权，进而形成有效的权力监控机制。另外，根据本书的研究结论，在企业内部，除了存在董事会对高管有形的纵向监督，还存在高管之间无形的横向监督，两种监督模式应该有机结合，相互促进，提高公司治理结构的有效性。

一个外部的监督体系可以很好地弥补内部管理机制的不完善造成的问题。虽然社会主义市场经济体制已经建立，但与成熟的市场经济相比，中国的市场机制不够完善，产品市场、资本市场等对企业业绩的显示机制还没有充分发挥作用。为此，必须努力推进和完善各类市场机制，产品市场完善的重点是努力打破行业垄断与地方经济保护，资本市场的重点是规范。要努力形成证券市场立法、执法与市场监管的联动机制；要推进市场监管体系的社会化、将监管工作完全透明化、置于社会与公众的监督下；要充分发挥中介机构的专业服务功能，加大对中介机构的管理力度。取缔财务审计不严、资产评估不实的会计、审计等机构，系统地打造出行政监督、财务监督、法律监督、行业监督与媒体监督全方位的市场监管模式，进而缩小高管的权力寻租空间。

9.2.3 健全人才流动市场，完善信息传递机制

为了让企业内部的薪酬差距能够真正地发挥激励作用，需要一个健全而有效的人才流动市场。健全有效的人才市场应该是信息完全透明和人员充分流动的，对于企业而言，只有尽快促进内部人才市场和外部人才市场有效统一，排除行政干扰，才能保证客观公正地选拔优秀的员工，充分发挥优胜劣汰机制，利用市场调节的作用，让内部的薪酬差距有效地激励经理人。

在我国经理人市场尚不完善的情况下，经理人声誉受损、跳槽的成本都很低，即使经理人实施的机会主义行为被发现，其承担的风险不足以让其放弃通过不正当手段获取的私利。薪酬激励机制有

效的前提是经理人市场和选聘机制的有效，而有效的声誉机制是有效的经理人市场的特征之一，因此需要尽快建立一个信息充分、准确、价格信号灵敏的经理人市场，真正做到经理人在上市公司之间竞争上岗，能者居其位，以职业化、市场化逐步取代目前的指定化、人情化。在完善人才市场信息传递机制、提高资源配置效率方面，政府应加大对人才流动市场的培育力度，针对内、外部人才流动市场的差异，及时、准确地传递人才市场供需信息，逐渐以市场为调节手段，改善各级人力资本的流动，优化配置效率、提高企业的竞争力。

要达到这个目标，首先要使上市公司对市场中的经理人有充分的了解，这要求相关部门尽快建立完善经理人信息档案，及时收集和更新上市公司的高管信息，信息档案应当包括经理人的年龄、教育背景、任职履历、业绩情况、薪资情况、是否收到过监管部门的惩处等等，以便于上市公司查阅和选择。其次，上市公司选择经理人的程序要形成制度，以专业和规范的方式来选择经理人，可以由股东大会任命选聘委员会，委员会根据公司目前实际情况和需要，在经理人信息系统中选择合适的对象，并进行评估，形成评估报告，向股东大会陈述选聘理由，并进行公示。经理人市场声誉机制的完善需要相关部门和上市公司协作来进行，有效的声誉机制应该对经理人的薪酬水平、职业生涯起到至关重要的影响，其对经理人形成约束的同时，也是一种鞭策和激励，完善的声誉机制是实现经理人市场优胜劣汰的前提，也是使经理人市场良性循环的保证。

参考文献

［1］陈信元，黄俊．股权分置改革、股权层级与企业绩效［J］．会计研究，2016（1）：56－62．

［2］柴才，黄世忠，叶钦华．竞争战略、高管薪酬激励与公司业绩——基于三种薪酬激励视角下的经验研究［J］．会计研究，2017（6）：45－52．

［3］方军雄．高管权力与企业薪酬变动的非对称性［J］．经济研究，2011（4）：107－120．

［4］范经华，张雅曼，刘启亮．内部控制、审计师行业专长、应计与真实盈余管理［J］．会计研究，2013（4）：81－88．

［5］葛家澍，田志刚．上市公司高管薪酬强制性披露研究［J］．厦门大学学报（哲学社会科学版），2012（3）：34－41．

［6］干胜道，胡明霞．管理层权力、内部控制与过度投资——基于国有上市公司的证据［J］．审计与经济研究，2014（5）：40－47．

［7］姜付秀，黄磊，张敏．产品市场竞争、公司治理与代理成本［J］．世界经济，2009（10）：46－59．

［8］何霞．高管激励、公司治理与绩效关系的理论研究［J］．科技管理研究，2013（13）：173－180．

［9］孔东民，徐茗丽，孔高文．企业内部薪酬差距与创新［J］．经济研究，2017（10）：144－157．

[10] 林浚清，黄祖辉，孙永祥. 高管团队内薪酬差距、公司绩效和治理结构 [J]. 经济研究，2003 (4)：31 - 40.

[11] 李青原. 会计信息质量与公司资本配置效率——来自我国上市公司的经验证据 [J]. 南开管理评论，2009 (2)：115 - 124.

[12] 廖理，廖冠民，沈红波. 经营风险、晋升激励与公司绩效 [J]. 中国工业经济，2009 (8)：119 - 130.

[13] 刘星，徐光伟. 政府管制、管理层权力与国企高管薪酬刚性 [J]. 经济科学，2012 (1)：86 - 102.

[14] 鲁海帆. 高管团队内薪酬差距、合作需求与多元化战略 [J]. 管理科学，2007 (4)：30 - 37.

[15] 鲁海帆. 高管层内薪酬差距、CEO 内部继任机会与公司业绩研究——基于锦标赛理论的实证分析 [J]. 南方经济，2010 (5)：23 - 32.

[16] 鲁海帆. 高管团队内薪酬差距、风险与公司业绩——基于锦标赛理论的实证研究 [J]. 经济管理，2011 (12)：93 - 99.

[17] 李维安，李汉军. 股权结构、高管持股与公司绩效——来自民营上市公司的证据 [J]. 南开管理评论，2006 (5)：6 - 10.

[18] 卢锐，魏明海，黎文靖. 管理层权力、在职消费与产权效率——来自中国上市公司的证据 [J]. 南开管理评论，2008 (5)：85 - 92.

[19] 吕长江，赵宇恒. 国有企业管理者激励效应研究——基于管理者权力的解释 [J]. 管理世界，2008 (11)：99 - 109.

[20] 刘凤委，孙铮，李增泉. 政府干预、行业竞争与薪酬契约——来自国有上市公司的经验证据 [J]. 管理世界，2007 (9)：76 - 84.

[21] 刘春，孙亮. 薪酬差距与企业绩效：来自国企上市公司的经验证据 [J]. 南开管理评论，2010 (2)：30 - 39.

［22］逯东，孙岩，杨丹．会计信息与资源配置效率研究述评［J］．会计研究，2012（6）：19－24．

［23］缪毅，胡奕明．产权性质、薪酬差距与晋升激励［J］．南开管理评论，2014（4）：4－12．

［24］缪毅，胡奕明．内部收入差距、辩护动机与高管薪酬辩护［J］．南开管理评论，2016（2）：32－41．

［25］缪毅．企业内部薪酬差距对员工和高管行为的影响研究［D］．上海交通大学，2016．

［26］马忠，陈登彪，张红艳．公司特征差异、内部治理与盈余质量［J］．会计研究，2011（3）：54－61．

［27］毛新述．高管团队及其权力分布研究：文献回顾与未来展望［J］．财务研究，2016（2）：52－60．

［28］黎文靖，胡玉明．国企内部薪酬差距激励了谁？［J］．经济研究，2012（12）：125－136．

［29］黎文靖，岑永嗣，胡玉明．外部薪酬差距激励了高管吗——基于中国上市公司经理人市场与产权性质的经验研究［J］．南开管理评论，2014（4）：24－35．

［30］罗宏，曾永良，宛玲羽．薪酬攀比、盈余管理与高管薪酬操纵［J］．南开管理评论，2016（2）：19－31＋74．

［31］刘美玉，王帅，南晖．高管薪酬差距、管理层权力与公司业绩波动——基于中小板上市公司的实证研究［J］．预测，2015（1）：48－53．

［32］李文贵，余明桂，钟慧洁．央企董事会试点、国有上市公司代理成本与企业绩效［J］．管理世界，2017（1）：123－135．

［33］李英利，谭梦卓．会计信息透明度与企业价值——基于生命周期理论的再检验［J］．会计研究，2017（1）：27－33．

［34］潘越，戴亦一，魏诗琪．机构投资者与上市公司“合谋”了吗：基于高管非自愿变更与继任选择事件的分析［J］．南开

管理评论，2011（2）：69－81.

［35］潘怡麟，朱凯，陈信元．决策权配置与公司价值——基于企业集团的经验证据［J］．管理世界，2018（12）：111－119.

［36］权小锋，吴世农．CEO 权力强度、信息披露质量与公司业绩的波动性——基于深交所上市公司的实证研究［J］．南开管理评论，2010（4）：142－153.

［37］权小锋，吴世农，文芳．管理层权力、私有收益与薪酬操纵［J］．经济研究，2010（11）：73－87.

［38］宋德舜．国有控股、经营者晋升和公司绩效［J］．南开经济研究，2006（3）：102－115.

［39］邵剑兵，李威．高管薪酬差距、战略变革与企业绩效：管理层权力的调节作用［J］．商业研究，2017（11）：88－96.

［40］孙海法，姚振华，严茂胜．高管团队人口统计特征对纺织和信息技术公司经营绩效的影响［J］．南开管理评论，2006（6）：61－67.

［41］魏刚．高级管理层激励与上市公司经营绩效［J］．经济研究，2000（3）：32－39.

［42］温忠麟，张雷，侯杰泰等．中介效应检验程序及其应用［J］．心理学报，2004（5）：614－620.

［43］王茂林，何玉润，林慧婷．管理层权力、现金股利与企业投资效率［J］．南开管理评论，2014（2）：13－22.

［44］王清刚，胡亚君．管理层权力与异常高管薪酬行为研究［J］．中国软科学，2011（10）：166－175.

［45］王雄元，何捷．行政垄断、公司规模与 CEO 权力薪酬［J］．会计研究，2012（11）：33－38.

［46］王福胜，吉姗姗，程富．盈余管理对上市公司未来经营业绩的影响研究——基于应计盈余管理与真实盈余管理比较视角［J］．南开管理评论，2014（2）：95－106.

［47］辛清泉，林斌，王彦超．政府控制、经理薪酬与资本投资［J］．经济研究，2007（8）：110－122.

［48］谢德仁，林乐，陈运森．薪酬委员会独立性与更高的经理人报酬—业绩敏感度——基于薪酬辩护假说的分析和检验［J］．管理世界，2012（1）：121－140＋188.

［49］谢德仁，姜博，刘永涛．经理人薪酬辩护与开发支出会计政策隐性选择［J］．财经研究，2014（1）：125－134.

［50］徐细雄．晋升与薪酬的治理效应：产权性质的影响［J］．经济科学，2012（2）：102－116.

［51］熊和平，刘京军，杨伊君等．中国股票市场存在特质波动率之谜吗？——基于分位数回归模型的实证分析［J］．管理科学学报，2018（12）：37－53.

［52］游家兴．市场信息效率的提高会改善资源配置效率吗？——基于 R^2 的研究视角［J］．数量经济技术经济研究，2008（2）：110－121.

［53］余明桂，李文贵，潘红波．管理者过度自信与企业风险承担［J］．金融研究，2013（1）：149－163.

［54］于赛渊．管理层内部薪酬差距、薪酬水平与管理层机会主义行为［D］．东北财经大学，2017.

［55］杨志强，王华．公司内部薪酬差距，股权集中度与盈余管理行为——基于高管团队内和高管与员工之间薪酬的比较分析［J］．会计研究，2014（6）：57－65.

［56］杨洁，吴武清，蔡宗武．企业社会责任对现金持有价值的影响——基于分位数回归模型的研究［J］．系统工程理论与实践，2019（4）：893－905.

［57］张正堂，范林榜，陶学禹．企业家报酬研究述评［J］．经济管理，2001（11）：10－13.

［58］张正堂，李欣．高层管理团队核心成员薪酬差距与企业

绩效的关系［J］. 经济管理，2007（2）：16－25.

［59］张正堂. 高层管理团队协作需要、薪酬差距和企业绩效：竞赛理论的视角［J］. 南开管理评论，2007（2）：4－11.

［60］张功富，宋献中. 我国上市公司投资：过度还是不足？——基于沪深工业类上市公司非效率投资的实证度量［J］. 会计研究，2009（5）：67－99.

［61］章元. 对横向监督理论的一个述评［J］. 世界经济文汇，2003（4）：71－80.

［62］周春梅. 盈余质量对资本配置效率的影响及作用机理［J］. 南开管理评论，2009（5）：109－117.

［63］张丽平，杨兴全. 管理者权力、外部薪酬差距与公司业绩［J］. 财经科学，2013（4）：66－75.

［64］张瑞君，李小荣，许年行. 货币薪酬能激励高管承担风险吗［J］. 经济理论与经济管理，2013（8）：84－100.

［65］赵息，张西栓. 内部控制、高管权力与并购绩效——来自中国证券市场的经验证据［J］. 南开管理评论，2013（2）：75－81.

［66］张昊民，何奇学. 高管薪酬激励与组织绩效：基于管理者过度自信的“遮掩效应”［J］. 现代财经，2017（6）：65－77.

［67］张兴亮，夏成才. 非 CEO 高管患寡还是患不均［J］. 中国工业经济，2016（9）：144－160.

［68］赵健梅，刘晨倩，邢颖等. 薪酬差距、市场化进程与公司业绩［J］. 经济问题，2017（5）：104－109.

［69］赵嘉仁，张晓明，钟磊. CEO 权力、媒体关注与企业过度投资［J］. 科学决策，2017（12）：35－54.

［70］朱晓琳，方拥军. CEO 权力、高管团队薪酬差距与企业风险承担［J］. 经济经纬，2018（1）：100－107.

［71］Alchian，A. A.，H. Demsetz. Production，Information Costs，and Economic Organization［J］. *The American Economic Review*，

1972, 62 (5): 777 -795.

[72] Astley, W. G., P. S. Sachdeva. Structural Sources of Intraorganizational Power: A Theoretical Synthesis [J]. *The Academy of Management Review*, 1984, 9 (1): 104 -113.

[73] Abowd, J. Does Performance - Based Managerial Compensation Affect Corporate Performance? [J]. *Industrial and Labor Relations Review*, 1990, 43 (1): 52 -73.

[74] Aghion, P., J. Tirole. Formal and Real Authority in Organizations [J]. *Journal of Political Economy*, 1997, 105 (1): 1 -29.

[75] Adams, R. B., H. Almeida. & D. Ferreira. Powerful CEOs and Their Impact on Corporate Performance [J]. *Review of Financial Studies*, 2005, 18 (4): 1403 -1432.

[76] Aggarwal, R., A. Samwick. Empire - Builders and Shirkers: Investment, Firm Performance, and Managerial Incentives [J]. *Journal of Corporate Finance*, 2006, 12 (2): 489 -515.

[77] Acharya, V. V., S. C. Myers & R. G. Rajan. The Internal Governance of Firms [J]. *The Journal of Finance*, 2011, 66 (3): 689 -720.

[78] Akerlof, G. A., J. L. Yellen. The Fair Wage - Effort Hypothesis and Unemployment [J]. *The Quarterly Journal of Economics*, 1990, 105 (2): 255 -283.

[79] Albuquerque, A. M., G. D. Franco. & R. S. Verdi. Peer Choice in CEO Compensation [J]. *Journal of Financial Economics*, 2013, 108 (2): 160 -181.

[80] Armstrong, C. S., J. L. Blouin & D. F. Larcker. The Incentives for Tax Planning [J]. *Journal of Accounting and Economics*, 2012, 53 (1): 391 -411.

[81] Becker, B. E., M. A. Huselid. The Incentive Effects of

Tournament Compensation Systems [J]. *Administrative Science Quarterly*, 1992, 37 (1): 336 -350.

[82] Baber, W. R., S. H. Kang & K. R. Kumar. Accounting Earnings and Executive Compensation: The Role of Earnings Persistence [J]. *Journal of Accounting and Economics*, 1998, 25 (4): 169 -193.

[83] Bagnanno, M. L. Corporate Tournaments [J]. *Journal of Labor Economics*, 2001, 19 (3): 290 -315.

[84] Bebchuk, L. A., J. M. Fried. Pay without Performance: Overview of the Issues [R]. Working Paper, Harvard University, 2004.

[85] Bishop, J. The Recognition and Reward of Employee Performance [J]. *Journal of Labor Economics*, 1987, 5 (1): 36 -56.

[86] Bingley, P. , T. Eriksson. Pay Spread and Skewness, Employee Effect and Firm Productivity [R]. Working Paper, Aarhus University, 2001.

[87] Bartov, E., D. Givoly & C. Hayn. The Rewards to Meeting or Beating Earnings Expectations [J]. *Journal of Accounting and Economics*, 2002, 33 (2): 173 -204.

[88] Bebchuk, L. A., J. M. Fried & D. I. Walker. Managerial Power and Rent Extraction in the Design of Executive Compensation [J]. *University of Chicago Law Review*, 2002, 69 (3): 751 -846.

[89] Bebchuk, L. A. , J. M. Fried. Executive Compensation as an Agency Problem [J]. *Journal of Economic Perspectives*, 2003, 17 (1): 71 -92.

[90] Broussard, J. P., S. A. Buchenroth & E. A. Pilotte. CEO Incentives, Cash Flow, and Investment [J]. Financial Management, 2004, 33 (2): 51 -70.

[91] Bebchuk, L. A., M. Cremers & U. Peyer. The CEO Pay

Slice [J]. *Journal of Financial Economics*, 2011, 102 (1): 199 - 221.

[92] Banker, R. D. , D. Bu & M. N. Mehta. Pay Gap and Performance in China [J]. *Abacus*, 2016, 52 (4): 501 -531.

[93] Brian, L. C. , L. Tihanyi & T. R. Crook et al. Tournament Theory: Thirty Years of Contests and Competitions [J]. *Journal of Management*, 2014, 40 (1): 16 - 47.

[94] Coughlan, A. T. , R. M. Schmidt. Executive Compensation, Management Turnover and Firm Performance: An Empirical Investigation [J]. *Journal of Accounting and Economics*, 1984, 7 (1): 115 - 129.

[95] Conyon, M. , S. Peck. Board Control, Remuneration Committees and Top Management Compensation [J]. *Academy of Management Review*, 1998, 41 (4): 146 -157.

[96] Conyon, M. , P. Simon &S. Graham. Corporate Tournaments and Executive Compensation: Evidence From the U. K. [J]. *Strategic Management Journal*, 2001, 22 (2): 805 -815.

[97] Carpenter, M. A. , M. A. Geletkanycz & W. Sanders. Upper Echelons Research Revisited : Antecedents, Elements, and Consequences of Top Management Team Composition [J]. *Journal of Management*, 2004, 30 (6): 749 -778.

[98] Coles, J. L. , N. D. Daniel & L. Naveen. Managerial Incentives and Risk - Taking [J]. *Journal of Financial Economics*, 2006, 79 (2): 431 -468.

[99] Chen, X. , Q. Cheng& A. Lo et al. CEO Contractual Protection and Managerial Short - Termism [J]. *The Accounting Review*, 2015, 90 (5): 1871 -1906.

[100] Cheng, Q. , J. Lee & T. J. Shevlin. Internal Governance

and Real Earnings Management [J]. *The Accounting Review*, 2016, 94 (4): 1051 - 1085.

[101] Cichello, M. S. The Impact of Firm Size on Pay - Performance Sensitivities [J]. *Journal of Corporate Finance*, 2005, 11 (3): 609 - 627.

[102] Claessens, S., S. Djankov & J. Fan et al. Disentangling the Incentive and Entrenchment Effects of Large Shareholdings [J]. *Journal of Finance*, 2002, 57 (2): 2741 - 2771.

[103] Connelly, B., K. Haynes & L. Tihanyi et al. Minding the Gap: Antecedents and Consequences of Top Management - to - Worker Pay Dispersion [J]. *Journal of Management*, 2013, 36 (3): 1 - 24.

[104] Connelly, B. L., L. Tihanyi &T. R. Crook et al. Tournament Theory: Thirty Years of Contests and Competitions [J]. *Journal of Management*, 2014, 40 (1): 16 - 47.

[105] Dechow, P. M., R. G. Sloan. Executive Incentives and the Horizon Problem [J]. *Journal of Accounting and Economics*, 1991, 14 (1): 51 - 89.

[106] DeFond, M. L., C. W. Park. The Effect of Competition on CEO Turnover [J]. *Journal of Accounting and Economics*, 1999, 27 (1): 35 - 56.

[107] Dechow, P. M., I. D. Dichev. The Quality of Accruals and Earnings: The Role of Accrual Estimation Errors [J]. *The Accounting Review*, 2002, 77 (1): 35 - 59.

[108] Dyck, A., A. Morse & L. Zingales. Who Blows the Whistle on Corporate Fraud? [J]. *Journal of Finance*, 2010, 65 (6): 2213 - 2253.

[109] Fama, E. F. Agency Problems and the Theory of the Firm [J]. *Journal of Political Economy* 1980, 88 (2): 288 - 307.

[110] Fama, E. F. , M. C. Jensen. Separation of Ownership and Control [J]. *The Journal of Law and Economics*, 1983, 26 (2): 301 - 325.

[111] Finkelstein, S. Power in Top Management Teams: Dimensions, Measurement, and Validation [J]. *Academy of Management Journal*, 1992, 35 (3): 505 - 538.

[112] Finkelstein, S. , D. C. Hambrick & A. A. Cannella. Strategic Leadership : Theory and Research on Executives, Top Management Teams, and Boards [M]. New York : Oxford University Press, 2009.

[113] Farrell, K. A. , D. A. Whidbee. Impact of Firm Performance Expectations on CEO Turnover and Replacement Decisions [J]. *Journal of Accounting and Economics*, 2003, 36 (1): 165 - 196.

[114] Francis, J. R. , D. Wang. The Joint Effect of Investor Protection and Big 4 Audits on Earnings Quality around the World [J]. *Contemporary Accounting Research*, 2008, 25 (1): 157 - 191.

[115] Gunny, K. A. The Relation between Earnings Management Using Real Activities Manipulation and Future Performance: Evidence from Meeting Earnings Benchmarks [J]. *Contemporary Accounting Research*, 2010, 27 (3): 855 - 888.

[116] Hambrick, D. C. , P. A. Mason. Upper Echelons: The Organization as a Reflection of Its Top Managers [J]. *Academy of Management Review*, 1984, 9 (2): 193 - 206.

[117] Healy, P. M. The Effect of Bonus Schemes on Accounting Decisions [J]. *Journal of Accounting and Economics*, 1985, 7 (1): 85 - 107.

[118] Holthausen, R. W. , D. F. Larcker & , R. G. Sloan. Annual Bonus Schemes and the Manipulation of Earnings [J]. *Journal of Accounting and Economics*, 1995, 19 (1): 29 - 74.

[119] Jensen, M. C., W. H. Meckling. Theory of the Firm: Managerial Behavior, Agency Costs and Ownership Structure [J]. *Social Science Electronic Publishing*, 1976, 3 (4): 305 -360.

[120] Jensen, M. C., K. J. Murphy. Performance Pay and Top - Management Incentives [J]. *Journal of Political Economy*, 1990, 98 (2): 225 -264.

[121] Jensen, M. C., K. J. Murphy. CEO Incentives——It's Not How Much You Pay, But How [J]. *Harvard Business Review*, 1990, 68 (3): 138 -149.

[122] Kale, J., E. Reis & A. Venkateswaran. Rank Order Tournaments and Incentive Alignment: The Effect on Firm Performance [J]. *Journal of Finance*, 2009, 64 (3): 1479 -1512.

[123] Kini, O., R. Williams. Tournament Incentives, Firm Risk, and Corporate Policies [J]. *Journal of Financial Economics*, 2012, 103 (2): 350 -376.

[124] Lazear, E. P., S. Rosen. Rank - Order Tournaments as Optimum Labor Contracts [J]. *Journal of Political Economy*, 1981, 89 (5): 841 -864.

[125] Lee, K. W., B. Lev & G. H. Yeo. Executive Pay Dispersion, Corporate Governance, and Firm Performance [J]. *Review of Quantitative Finance and Accounting*, 2008, 30 (3): 315 -338.

[126] Murphy, K. J. Corporate Performance and Managerial Remuneration: An Empirical Analysis [J]. *Journal of Accounting and Economics*, 1985, 7 (3): 11 -41.

[127] Murphy, K. J. Explaining Executive Compensation: Managerial Power vs the Perceived Cost of Stock Options [J]. *University of Chicago Law Review*, 2002, 69 (3): 847 -869.

[128] Miller, G. S. The Press as a Watchdog for Accounting

Fraud [J]. *Journal of Accounting Research*, 2006, 44 (5): 1001 – 1033.

[129] O'Reilly, C. A. , B. G. Main & G. S. Craystal. CEO Compensation as Tournament and Social Compensation: A Tale of Two Theories [J]. *Administrative Science Quarterly*, 1988, 33 (4): 257 – 274.

[130] O'Reilly, C. A. , J. Wade. Top Executive Pay: Tournament or Teamwork? [J]. *Journal of Labor Economics*, 1993, 11 (4): 606 – 628.

[131] Pfeffer, J. , A. Davis – Blake. Salary Dispersion, Location in the Salary Distribution and Turnover among College Administrators [J]. *Industrial and Labor Relations Review*, 1992, 45 (2): 753 – 763.

[132] Pfeffer, J. , N. Langton. The Effect of Wage Dispersion on Satisfaction, Productivity and Working Collaboratively: Evidence From College and University Faculty [J]. *Administrative Science Quarterly*, 1993, 38 (3): 382 – 407.

[133] Parrino, R. CEO Turnover and Outside Succession: A Cross – Sectional Analysis [J]. *Journal of Financial Economics*, 1997, 46 (2): 165 – 197.

[134] Parrino, R. , R. W. Sias &, L. T. Starks. Voting with Their Feet: Institutional Ownership Changes Surrounding Forced CEO Turnover [J]. *Journal of Financial Economics*, 2003, 68 (1): 3 – 46.

[135] Rosen, S. Prizes and Incentives in Elimination Tournaments [J]. *American Economic Review*, 1986, 76 (4): 701 – 715.

[136] Rajgopal, S. , J. S. Terry. Empirical Evidence on the Relation between Stock Option Compensation and Risk Taking [J]. *Journal of Accounting and Economic*, 2002, 33 (2): 145 – 171.

[137] Richardson, S. Over – Investment of Free Cash Flow [J]. *Review of Accounting Studies*, 2006, 11 (1): 159 – 189.

[138] Rajan, R. , J. Wulf. Are Perks purely Managerial Excess? [J].

Journal of Financial Economics, 2006, 79 (3): 1 -33.

[139] Robert, E. , R. Karren. Organizational Justice Perceptions and Pay Level Satisfaction [J]. *Journal of Managerial Psychology*, 2011, 26 (2): 42 -57.

[140] Shi, L. Responsable Risk and Incentives for CEOs: The Role of Information - Collection and Decision - Making [R]. University of Washington, Working Paper, 2005.

[141] Su, D. W. State Ownership, Corporate Tournament and Executive Compensation: Evidence from Publicly Listed Firms in China [J]. *Singapore Economic Review*, 2011, 56 (1): 307 -326.

[142] Trevor, C. , G. Reilly &B. Gerhart. Reconsidering Pay Dispersion's Effect on the Performance of Interdependent Work: Reconciling Sorting and Pay Inequality [J]. *Academy of Management Journal*, 2012, 55 (1): 585 -610.

[143] Wade, J. B. , C. A. O'Reilly& T. G. Pollock. Overpaid CEOs and Underpaid Managers: Fairness and Executive Compensation [J]. *Organization Science*, 2006, 17 (1): 527 -544.

[144] Warner, J. , R. Watts & K. Wruck. Stock Prices and Top Management Changes [J]. *Journal of Financial Economics*, 1988, 20 (2): 461 -492.

[145] Weisbach, M. Outside Directors and CEO Turnover [J]. *Journal of Financial Economics*, 1988, 20 (1): 431 -460.

[146] Winter - Ebmer, R. , J. Zweimuller. Intra - firm Wage Dispersion and Firm Performance [J]. *Kyklos*, 1999, 52: 555 -572.

[147] Yanadori, Y. , V. Cui. Creating Incentives for Innovation? The Relationship between Pay Dispersion in R&D Groups and Firm Innovation Performance [J]. *Strategic Management Journal*, 2013, 34 (1): 1501 -1511

后　记

转眼间我已经在江西财经大学生活和学习了六年，回想起这六年的求学历程，我的心中不禁思绪万千，激动的心情久久难以平静。曾几何时，我为不知如何做研究而忧愁万分；又曾几何时，我为自己取得些许进步而倍感欣慰。蓦然回首，我已不记得有多少次在夜深人静之时秉烛夜读，终于不懈的努力换来了今天的点滴回报。而我清楚地知道，这一切都离不开老师、同学、家人和朋友的关心与鼓励。

感谢我的导师张蕊教授，您德为人先、学为人师的风范，对学术的认真执着，对学生的宽严有度，无不时时刻刻激励着我。在我攻读博士学位期间的研究成果都是建立在您的指导基础之上，博士论文的选题、框架、写作等各个环节都凝结了您大量的心血。您提供给我很多宝贵的学习机会，更是教给我很多为人处世的道理。在此，我要向您表示最衷心的感谢和最美好的祝愿，您孜孜不倦的教诲定将使我终身受益！今后唯有更加努力、勤奋，才能回报您的无私相助。

感谢我的导师谢盛纹教授，正是在您的指引之下，我才有幸踏入浩瀚的学术殿堂，追寻自己的学术之梦。您严谨的学术态度，敢于探索的学术精神，让我更是难以忘怀，激励我在学术道路上不断前行。您为人一身正气，坦坦荡荡，做学生的是佩服不已。虽然您已经故去，但是与您一起爬山、散步、挑水、做菜的场景历历在目，学生一直怀念您！感谢师母潘素秋老师对我在学业和生活上的关怀与照顾，让我虽然身在异乡也能感受到家的温暖。

感谢（按照姓氏首字母顺序）曹玉珊教授、管考磊副教授、蒋尧明教授、刘骏教授、廖义刚教授、罗劲博副教授、彭晓洁教授、荣莉教授、熊家财副教授、袁业虎教授、章卫东教授、邹玲教授、周冬华教授和张洪辉副教授，在拙文写作过程中给予的悉心指导与帮助，您们的言语宛如拨云见日，令我醍醐灌顶、受益良多。也感谢查利曼老师在博士论文开题、答辩等过程中付出的辛勤劳动。衷心祝愿各位老师工作顺利、幸福安康！

感谢我的师兄（弟）、师姐（妹）们，让我感受到师门的团结与温馨，他们是陈丹、程志强、管宏伟、胡俊、蒋煦涵、倪德锋、刘杨晖、李远艳、李南海、刘睿、刘宁、廖佳、李慧、孙微微、苏崇德、田莉、陶然、王清、王彩、王梦霞、闫焕民、于海燕、杨钦皓、张雪华、周政伟、张静、张静薇、张越等。感谢我的同窗好友对我的扶持与指点，他们是冯少勤、李梅、王信平、张十根和张雷云等。

最后，特别感谢我的家人，没有你们无微不至的关心和鼓励，可能我很难坚持到现在，正是你们的无私奉献，我才度过了求学路上的种种难关。有你们作为我坚强的后盾，我很幸福！你们是我奋斗的动力，我将尽我最大的努力，成为你们的依靠。

千言万语道不尽的感谢，唯有化作前行的动力，载着至亲至爱的期许和嘱托奋力前行，在未来的人生中书写出属于自己的传奇！

王洋洋

2020 年 5 月 18 日于南昌